企业家精神与高质量发展

解码中国管理模式

中国管理模式50人+论坛 ——著

清华大学出版社

北京

图书在版编目（CIP）数据

企业家精神与高质量发展：解码中国管理模式 / 中国管理模式 50 人 + 论坛著 .
北京 : 清华大学出版社 , 2024. 12. -- ISBN 978-7-302-67879-3

Ⅰ . F279.23

中国国家版本馆 CIP 数据核字第 2024QP1134 号

责任编辑：宋冬雪
封面设计：青牛文化
责任校对：宋玉莲
责任印制：刘　菲

出版发行：清华大学出版社
　　　　　网　　　址：https://www.tup.com.cn，https://www.wqxuetang.com
　　　　　地　　　址：北京清华大学学研大厦 A 座　　　邮　　编：100084
　　　　　社 总 机：010-83470000　　　　　　　　邮　　购：010-62786544
　　　　　投稿与读者服务：010-62776969，c-service@tup.tsinghua.edu.cn
　　　　　质 量 反 馈：010-62772015，zhiliang@tup.tsinghua.edu.cn
印 装 者：河北盛世彩捷印刷有限公司
经　　销：全国新华书店
开　　本：170mm×230mm　　　**印　　张：**16　　　**字　　数：**194 千字
版　　次：2024 年 12 月第 1 版　　　**印　　次：**2024 年 12 月第 1 次印刷
定　　价：79.00 元

产品编号：108926-01

编委会成员

（按照姓氏拼音排序）

曹仰锋　陈春花　杜运周
黄　伟　吕　力　马旭飞
毛基业　任　兵　王方华
谢永珍　谢志华　徐少春
乐国林　曾昊

推荐序一
组织生长力——企业高质量发展的关键能力

陈春花

中国管理模式 50 人 + 论坛联合创始发起人

上海创智组织管理数字技术研究院院长

当下所面临的现实，可以从多个维度进行描述，但有两个方面值得特别关注。其一，是新技术特别是数字技术所带来的深远影响。例如，当今人工智能、大数据所创造的全新价值。其二，人类已经来到了一个特殊的时刻，即开始转向对未知世界的探索。无论是宏观的宇宙，还是微观的微生物群，人类都面临着一个未知的世界。

这样的现实最根本的影响在于，我们无法再依靠原有的核心竞争力来构建可靠的"护城河"。因此，当下需要探讨的是组织如何将生生不息的生长力内化。

基于对中国企业长达 30 余年的持续观察，不难发现，企业或许会受诸多外部环境因素的影响，甚至在当下会受到技术和未知世界的冲击，但企业始终须探寻一种内在的、持续的、向上的成长态势，并不断寻求内在的生长动力。

对于成长型企业来说，组织、生命力和企业内在的力量，就是不断寻求定力、克服焦虑的过程。组织如果没有定力，一定成长不起来。而此定力实则是来自企业自身内在的动力源泉。将企业置于成长周期之中进行考量，企业亦是一个有机的生命体。倘若它是一个有机的生命体，那么它必定将自身置于一个宏大的环境之中，思索如何使自身得以成长。

处于创业初期的企业，其生命力源自个人领导力，源自企业家自身内在的动力，亦可称之为"企业家精神"。在这种情况下，无论外部环境如何波动，无论自身多么渺小，只要拥有这种企业家精神、创业精神，便会有一种源源不断的力量，推动企业朝着正向的方向发展。当企业步入成长阶段，开始具备一定规模，组织重力也逐渐显现，同时面临着外部冲击的挑战，摩擦力以及外部环境的阻力也会日益增大。在这种情况下，企业开始形成其核心竞争力，并借助核心竞争力不断拉动其正向成长。

在当今"环境与组织"双重复杂的形势下，之所以要特别强调企业的高质量发展，其根本原因在于我们需要一种组织，它内在的力量实际上是定力的依靠。此时组织的自驱力变得至关重要，因为随着自身的成长和外部环境的复杂性增加，面对技术和未知世界的探索，企业无法再依赖过往的经验，也难以寻求更多的外部支持，更大的力量来源于企业内在的自驱力。

基于这样的理念，如果要实现高质量的可持续发展，就必须按照组织自驱力和面对外部环境的复杂性，从四个方向进行努力。

首先，以跨领域的价值网络削弱外界摩擦力。

许多人认为，挑战、压力和摩擦力会阻碍企业前进，但如果能够利用跨领域的价值网络将其整合起来，就能够将摩擦力转化为机会。这需要企业家改变认知范式，从竞争关系转向共生关系，从以企业和产品为中心转向以客户为中心。

通过数字技术构建新的企业价值活动，可以打破行业和组织的边界，创造出三个新的价值空间。

一是场景互联性，为使顾客拥有主权，可重构上下游产业关系，进而释放产业本身的价值空间。当实现数据贯通时，可重新形成联动，超越产业本身，创造新体验与新空间。在进行价值互动时，便可借助不同价值平台，以更低成本为顾客提供更优质体验与更多效益。因此，当能通过跨领域的价值网络整合外部摩擦力时，便会发现此时的摩擦力反而是新的机遇。

在讨论这个概念时，需要将竞争战略和共生战略进行融合。传统的战略概念是在产业领域内讨论相对优势，而在新的价值空间中，需要寻求更大的生态空间，让企业不断地生长，共同发展。

数字化转型的企业所展示的，就是将价值空间不断地拓展出去。例如，无锡拈花湾度假区通过数字技术贯通，给游客带来了线上线下融合的全新场景，这就是兼得和促进。

其次，在寻求确定性的过程中不断分解组织重力。

当企业拥有一定的组织重力时，它可以成为压舱石，使企业稳定发展。但当重力过大时，它就会成为阻碍力量，使企业故步自封、组织懈怠。因此，需要将过度的重力分解掉，让组织细胞无边界地协同工作。

数字化转型不仅需要在技术和业务层面进行，还需要在组织层面形成协同平台化的组织结构。这种结构需要有共享服务体系和网络协同体系的支撑，从而使工作方式和取得工作成效的方式发生根本性变化。在数字工作方式下，员工不再是工具人，而是价值的共创者。例如，达实智能的"三个共同体"就是朝着价值共创的方向发展的，这是一种新的工作方式。因此，通过智能协同，让人更有价值、更有成效，这较之前已经完全不同。

再次，需要让自己拥有不受环境影响、不受大环境冲击，且持续增长的外部拉力。

要超越环境，形成新的能力，组织需要有一种真正的信仰，即企业家精神、长期主义和高质量发展。这种信仰要求企业在价值观中有真正的定力，能够超越环境。

长期主义者在面对残酷的现实时，会勇敢接受而不是回避；为当下的生存找到解决方案，坚持做对的事情，清晰地知道企业自身的责任和社会的责任，正视自己的不足，并有超越自我的勇气。简言之，长期主义用三个关键词来表达就是：生存、承诺和勇气。

最后，今天的组织还需要自驱力，即自组织和自进化的能力。

海尔创始人张瑞敏说，企业总希望寻觅新的空间，但能否找到新的空间，取决于是否"不卷"。而"不卷"的关键在于"三自""三新"。"三自"即自主人、自组织、自循环；"三新"则为新模式、新生态、新范式。"三自""三新"并非静止不变，而是无限循环的过程，只有"不卷"，才能有定力、有空间、有未来、有清晰发展的可能性。

未来 10 年，中国企业需要有这样的理解，才能有根本性的突破和改变世界的惊喜。企业不断成长，才有机会创造组织的生长，并迎来新的世界。

有人问，数字化给人类带来的最大改变是什么？我认为数字化给人类带来的是从物理世界到数字世界这样的新世界创造。人工智能技术到来之后，会有三个世界的融合：物理世界、数字世界、虚拟世界。很多人都在讲，我们要有一个数字人，企业家也有，教授也有，也许未来有一天杰出奖的颁奖论坛上来的是数字人，也许那个世界是我们今天不能想象的，但是这个新世界的空间一定会变得更大。

预祝中国企业来到一个新世界之后，创造更新的价值。也期待下一个 15 年，中国管理模式杰出奖这样的遴选模式能让人们看到越来越多的中国企业成长，会有越来越多的人，帮助中国企业一起找到内在的力量，让中国优秀企业成长得更好。

推荐序二
企业家精神：高韧性增长的核心驱动力

曹仰锋

中国管理模式 50 人 + 论坛成员

香港战略创新研究院院长

多年以来，我一直致力于研究企业的增长模式。企业的增长模式主要有两种：第一种是持续增长，这种模式需要企业不断进行商业模式的升级和业务的重组，因此实现起来比较困难。第二种是韧性增长，这种模式下企业可能会在一定时期内经历危机，但能够从危机中走出来，实现 U 形增长。今年获得特别贡献奖的三家企业，海信集团、三一集团和安踏集团，从某种意义上讲都是高韧性增长的企业。

这三家企业的营业收入都非常可观，海信集团已经达到了 2000 多亿元，三一集团也到了 1000 多亿元，安踏集团则为 500 多亿元。从长周期来看，这些企业在增长过程中也遇到了一些问题，海信集团基本保持稳健增长，中间有几年增长率略有下降，但总体上还是比较稳定的。三一集团则经历了 U 形增长曲线，安踏集团前几年也有类似的情况。

这些企业之所以优秀，是因为它们在发展过程中积累了韧性能力。

在它们的高质量发展过程中，企业家精神贯穿其中，功不可没。

企业家精神的内涵究竟是什么？不同的学者和专家对此有各自的见解。让我们来看看管理大师德鲁克对企业家精神的理解。

首先，德鲁克对企业家精神给予了高度认可。他指出："对于任何一个国家来说，优秀的企业以及这些企业家中所展现出的企业家精神，都是该国最为重要的资源。"我认为德鲁克先生的这句话非常重要，它体现出企业家精神是一种软实力。那么，什么是企业家精神呢？是否如熊彼特所说是"创造性的破坏"呢？德鲁克认为不一定如此。他表示："任何有勇气面对决策的人，都可以通过学习成为一名企业家，并展现出企业家精神。因此，企业家精神是一种独特的特质，是一种行动，而非人格特征。"我们可以看到，许多企业家性格各异，有的谦逊低调，有的则个性张扬，但他们都可能展现出企业家精神。

近几年来，我本人对海信集团、三一集团进行了深入的调研，多次前往企业实地考察，并与企业家进行了深入的访谈。这些高韧性企业的领导者的企业家精神有一些共同的特质。

第一，敢想，但不"妄想"。

海信敢想，它拥有宏大的使命和目标，即打造百年海信，成为全球最值得信赖的品牌。这无疑是一个伟大的使命和梦想。然而，海信不仅有梦想，更能脚踏实地，通过一系列战略举措逐步践行这一使命。例如，海信提出要实现百年海信，必须致力于持续经营。只有持续经营的战略，才能带来持续的繁荣，这也是海信长期以来一直坚守的原则。三一集团亦是如此。三一的"一"，源自最初创业的初心，即创建一流企业、造就一流人才、做出一流贡献，这绝非易事。面对如此宏大的使命，企业是如何付诸实践的呢？三一找到了一个关键抓手，那就是品质改变世界。

如此宏伟的使命，其落脚点正是品质改变世界。此外，三一还提出了三大战略：全球化、数智化、低碳化。

安踏同样是一家极具战略雄心的企业，它提出要成为"世界的安踏"，而非"中国的耐克"，这同样是一项艰巨的任务。最近，我看到安踏还更新了十年的新愿景，致力于成为世界领先的多品牌体育用品集团，坚持单聚焦、多品牌全球化的新实践战略。可以看出，这些企业都敢想，但绝不妄想。没有战略措施支撑和资源支持的战略目标只是空想、妄想。

第二，敢干，但不"蛮干"。

这三家企业都极具实干精神，勇于实践，但并非盲目蛮干。海信的表现尤为突出，在调研过程中，海信集团一直特别强调稳中求进的原则。贾少谦董事长曾多次表示："对我而言，在面对不确定性时，稳中求进是基本原则。首先要稳住大盘，在此基础上再思考变革与调整。"

三一集团位于长沙，具有典型的湖南文化特色。在我们此次调研中，向文波董事长用"吃得苦，霸得蛮，耐得烦"来概括三一的精神。

安踏也不例外，从创业至今，作为中国服装行业的优秀品牌，安踏在战略变革过程中采取了几次重大举措，早年打造大品牌，后来收购FILA这个跨国公司品牌，如今又提出了新的政策。

第三，敢拼，但不"火拼"。

企业家精神，并非仅仅体现在个人身上，而是整体所展现出的一种精神风貌。这三家企业所面临的市场竞争，皆异常激烈，然而它们敢于拼搏，却并非盲目地进行"火拼"。

海信具有一个典型的基本特点，即安全大于利润，利润大于规模。正如贾少谦董事长所言，在危机时刻，便能彰显出海信的韧性。此次调研中，他们专门向我们介绍了一个指标，即还贷后的现金资产，这是他们把握安全的重要指标，这一指标至关重要，它体现了资本韧性。三一集团是一家极具竞争力的企业，向文波董事长曾表示："竞争的关键并非打败竞争对手，而是战胜自己。"安踏也具备这样的特点，秉承着闽商精神，有一句口号是"敢为天下先，爱拼才会赢"。

这些企业有一个基本原则，即在竞争中并非要将竞争对手击败，而是在竞争中不断强化自身的能力。用其自己的话来说，"打败对手，并不意味着让别人失败，而是要自我超越"。由此可见，这些企业的精神在于敢于竞争、敢于拼搏，但绝非毫无原则地进行价格战或其他形式的"火拼"。

第四，敢变，但不"乱变"。

这些企业自成立以来，基本都遵循了变与不变的动态原则。海信不断持续变化，持续创新。同时，海信多年来也一直坚守三个不变的原则：一是坚持企业立企创新的不变原则；二是坚持产业的持续升级，如果去海信参观，你会发现它已经不再仅仅是一家家电企业，而是在智慧医疗、智慧交通等方面进行了产业转型，且多年来一直坚持产业转型升级；三是坚持全球化发展。在变化中，这些企业又有坚持的底线原则。

三一的变革，尤其是数字化的变革，从 2018 年开始，当时的董事长梁稳根讲了一句名言："三一的数字化转型，要么翻身，要么翻船。"他们持续加大科技创新的投入，持续推动企业的变革，他们意识到，变革永远没有终点。

安踏也一样，安踏意识到中国的服装品牌要想走向高端，唯一的途径、根本的途径就是再创新，所以安踏在全球多个国家和地区设立了研发中心，研发投入占比超过销售成本的 5%。

这三家企业"敢想但不妄想，敢干但不蛮干，敢拼但不火拼，敢变但不乱变"的企业精神赋予了企业四种能力。

通过对这三家企业的观察，我提出了"能力—优势—增长：CAG 增长框架"。能力是优势的基础，只有具备优势，才能实现增长。这四种能力分别是使命力、行动力、竞争力和创新力。使命力代表着敢想，行动力代表着敢干，竞争力代表着敢拼，创新力代表着敢变。也就是说，企业家精神要能够为公司塑造使命力、行动力、竞争力和创新力，进而提高企业的竞争优势，实现可持续增长。这是我对这三家企业的企业家精神的理解。

这三家企业获得了中国管理模式杰出奖 15 周年特别贡献奖，我本人从 2009 年开始参与中国管理模式杰出奖评选活动。坦率地说，经过这十几年的调研和学习，我认为中国管理模式的存在具有必然性。原因有以下几点：

一是管理的时代性在发生变化。进入数字经济时代，没有一劳永逸的标杆。在第四次工业革命时期，管理也进入了第四次管理革命，中国企业有了不断超越的基础。

二是文化的独特性。中国传统文化具有非常强的独特性，管理模式根植于文化基因。独特的管理模式必然根植于独特的文化，中国管理模式之所以被称为中国管理模式，是因为它必然具有中国传统文化的独特性。

三是经济管理模式的独特性。中国的经济发展模式与欧美国家不同，任何企业的管理模式都必然受到所在国家经济模式的影响。因此，经济模式的独特性和文化的独特性再加上时代赋予的使命，必然会产生独特的管理模式。

当然，这并非易事。十几年来，许多企业在不断探索。除了这三家企业，过去十几年我们已经评选出了一百多家企业，它们在不同领域进行探索。这让我不禁想起鲁迅先生的一句话："其实地上本没有路，走的人多了，也便成了路。"就像徐少春先生十几年前提出中国管理模式时，很多人并不是特别理解，但现在很多人对中国管理模式的理解已经有了一定的飞跃。随着中国企业的不断壮大，我们要加快总结中国管理模式，讲好中国企业的创新故事。

推荐序三
中国企业的成功之路

王方华

中国管理模式 50 人 + 论坛成员

上海交通大学安泰经济与管理学院原院长、教授

探讨中国企业如何发展壮大并取得战略成功，是我一直在进行的一项我个人认为最有价值的研究。

在 40 多年前的改革开放初期，中国企业就已经踏上了成功之路。这条道路的探索始于改革开放大门的打开和改革的启动。中国企业的成功源于两个方面：一是开放，二是改革。实际上，改革和开放是驱动中国企业在前 20 年取得成功的"双轮"。

首先，由于开放，我们打开了国门，看到了世界的广阔，也看到了世界管理学的繁杂和先进，于是开始学习。许多中国内地企业向美国、德国、日本学习，甚至后来向亚洲"四小龙"学习。那个时候，许多企业都是世界管理学的优秀学生。例如，在汽车行业，有两家学得很好的企业：一家是上汽大众，学习德国；一家是上海通用，学习美国。

上汽大众的董事会由 4 人组成，其中 2 名中国人和 2 名德国人，所有决策都需要 4 人一致通过才能生效，这在中国企业的决策中从未发生过。上汽大众的管理流程非常严谨，每一项管理制度都采用了德国人的严谨工作方法。因此，久而久之，在上汽大众，人们进去后看到的就是一家德国企业。同样，上海通用学习美国，美国人强调过程、流程、分工和协作，通用的分权制在上海通用得到了应用。我曾担任上海日立的董事，它原来是与日本合作的，是日本日立在中国的合作方。上海日立完全学习日本，所有管理人员都到日本进修学习，把管理经验原封不动地带回来。因此上海日立看上去就是一家日本公司，甚至员工平时说话的习惯也与日本人非常相似。这种文化和管理完全渗透到了中国企业中。

在中国很多成功的企业身上，都能看到德国、日本、新加坡等国家企业管理的影子。

另一个成功因素是改革。改革打破了原有的管理体制和框架体系，使一大批充满活力、能够解放生产力的企业应运而生，这些企业既有民营企业，也有国有企业。许多国有企业也展现出了强大的生命力，它们通过资源的重新组合和充分利用，将明天的资源变成今天的资源，将死的资源变成活的资源，甚至将别人的资源整合为自己的资源，从而实现了企业的成功。在前 20 年，最成功的企业是那些将改革与开放完美融合的企业。

在这里，我要对东方国际表示充分的赞赏，因为这家企业是这两方面结合得最好的企业之一。东方国际将上海最传统的纺织局和外贸进行了打破和整合，并向全世界开放，利用世界的原材料、市场和方法，形成了全新的中国企业。

因此，我认为前 20 年中国企业的成功源于改革和开放。

到了 21 世纪，尤其是加入 WTO 后，中国企业的成功之路进入了第二个阶段，即经济全球化和技术创新。在这个时期，中国企业参与全球竞争，走向世界，成为世界企业。同时，大量技术创新型企业和互联网企业在数字化时代的浪潮中诞生，中国也涌现出了一大批成功的世界级企业。例如，在深圳，有华为、比亚迪这两个世界级企业，还有大疆这个半世界级企业，我们也非常尊重大疆，如果它再努力一把，完全可以成为一个世界级企业。这次我们评选出的三家杰出企业，无论是海信、三一还是安踏，都是在经济全球化和技术驱动的管理变革方面表现出色的企业，它们在顺应技术变革的规律和趋势方面做得非常好，成为21世纪前20年成功企业的典范。

在此过程中，中国管理模式50人＋（以下称C50+）于2008年开始了一项重要工作，即总结这些成功企业的经验，探索中国管理模式，进行寻找、发现和推广。在这15年中，共有130多家企业成为我们关注的焦点。我们深入企业一线调研，与企业家面对面访谈，梳理和推广企业成功的要素。

我们发现了一些共同的规律，并将其归纳为以下基本要素，写成了一本书，书名为《路标》。

这本书总结了我们过去15年对中国企业成功之路、中国企业前20年改革开放之路，以及后20年经济全球化和技术驱动变革所带来的变化的基本经验。

第一，中国企业的成功之路，拓展了中国企业管理的中国管理模式。该模式由中国管理哲学、现代管理科学以及中国企业实践这三个要素构成基本框架维度。在C50＋的讨论中，特别是那群学习致良知的企业家们认为，这三个维度中还应加入一个要素，即"新"，以"新"为核心基础的三维要素组合。这是C50+经过三年的不断摸索探讨形成的基本观点。

第二，在此基础上，我们发现这样的三维空间形成了企业管理的基本经验和成功要素，并归纳出"九条原则"。这"九条原则"成为《路标》的实际内涵内容，过去40年中按照这九大原则行事的企业，也是过去15年评选出的优秀企业。这些企业的核心精神、最精华的经验以及它们展示给所有中国企业的精神面貌，如果其他企业都按照这样的模式进行管理战略的重整梳理，大概也能成功。

此外，我们在《路标》一书的最后一章中采访了50多位具有独特见解的教授和成功企业家，他们对在中国企业发展中企业家的作用、企业家精神的作用以及企业未来变化的趋势进行了直接的归纳和总结。因此，《路标》这本书实际上为中国成功企业提供了基本经验、基本做法以及可供借鉴的方面。

在此，我要强调的是，它只是一个"路标"。这个路标会告诉你，在前路上会遇到各种路径和机会挑战，你可以进行选择。路标只是告诉你，按照这样的方式走，有可能成功；按照这样的方式走，有可能在面对困难时进行借鉴、学习、探讨。但这仅仅是我们这个群体想要呈现给大家的基本研究和认知，是我们过去15年研究所达到的认知阶段。

据统计，全世界大约有2300多家隐形冠军企业，其中德国有1200多家，美国有360多家，日本有220多家，而中国有多少呢？只有68家。也就是说，在对世界具有价值的成功道路上，我们的企业只是一个很小的群体。

与隐形冠军企业类似的，在中国我们称之为"专精特新"企业。按照我们的标准，现在有4600多家，而且还在不断涌现。这对中国企业来说具有特殊的意义。

飞越机电就是"专精特新"企业，它是一家使命驱动的企业，在小领域做出了非常杰出的贡献。飞越机电在全世界130多个国家和地区有销售网点，在美国有专门的研发生产基地，它与隐形冠军的标准差距不大。如果"专精特新"公司能够按照隐形冠军的标准，再结合《路标》中所讲的中国哲学和中国实践，将两者融合起来，我们相信，未来世界上的隐形冠军会更多，中国企业的比例有可能在未来 20 年里占到三分之一甚至更多。

我认为，中国企业的未来希望在于这些"专精特新"企业。因为它们具有强烈的使命感，对资源的利用有独特的见解，其商业模式是全新的，无法被模仿。在这个过程中，它们走出了一条超越老师（美国、日本、德国）的道路，超越了那些全世界标榜的已经非常成功的伟大企业。

在这个过程中，我们将更加关注这些企业，研究它们身上的成功要素。对于 C50+ 的成员来说，我们将以更高的热情和关注度，去关注那些具有"专精特新"和隐形冠军潜质的企业。

当然，中国企业的未来在很大程度上仍然依赖于巨无霸企业。如果有更多像华为、比亚迪、东方国际这样的公司，我相信我们的企业发展会更好。我们计划在未来的 2 至 3 年内推出第二本《路标》，专门总结那些像华为、比亚迪、大疆这样的世界上独一无二的企业。它们不仅有成功的管理经验，也一定有成功的管理理论，有中国管理理论、中国企业管理模式以及可以向世界展示中国风采的东西。

2023 年对于中国经济和中国企业来说，有一件必须认真对待的事情，那就是我们已经正式宣布要走中国式现代化道路。中国式现代化道路一定是由中国式现代化商业模式的企业组成，也一定会产生中国管理的理论。我们在倡议书里提到"这是一个需要理论，也是能够创造理论的时代"，我们要无愧于这个时代，努力创造新的管理理论，适合中国企业发展的理论。这个理论不仅是中国企业现代化道路的理论依据，也是中国企业走向国际、展示中国风采的过程。

近几年，在中国最受瞩目的是"一带一路"。在这个过程中，中国大量的企业、项目、资金和人员都走了出去。在这个过程中，我们是带着美国人的管理、德国人的管理模式走出去的吗？不，我们应该带着中国管理模式出去。

我们相信，在这个过程中，会出现一个更大的国际对流潮。这种新的对流是中国管理向世界展示我们的面貌。我相信，会有大量的世界企业到中国来学习，也会有大量的企业管理者到中国来接受中国管理的经验。但我们还没有做好这样的准备，至少中国的商学院没有做好这样的思想准备，中国的企业也没有做好思想准备。人家进来以后，我们有什么东西可以给人家看？所以，我们的任务很紧迫，希望在未来的中国企业发展过程中，C50+ 的成员能够更加团结，更加勤奋，更有紧迫感地去做这件事情。

鲁迅先生说，"其实地上本没有路，走的人多了，也便成了路"。这告诉我们，中国管理原本是没有路的，是大家都在走，都在探索，走的人多了，中国企业成功之路就慢慢走出来了。在这个过程中，我们会发现有很多选择，也会面临很多诱惑。在这个过程中，我们需要有"路标"。李强总理也说过，我们不仅要在发展过程中刹车，还要给路标，还要扫除路障，要给企业发展以更大的推动力。

我相信找"路标"的过程中会有很多路障，希望能把这些路障清除一些。我们也发现，企业在发展过程中，需要更多的原动力，需要给企业家更多的发展空间。所以，在此我倡议：希望未来中国企业共同努力，在"路标"的基础上奋进，大家一起去探索、去实现，走向中国企业的成功之路。

总论一
2023 中国管理模式 50 人＋论坛年度洞察

吕力

中国管理模式 50 人＋论坛 2023 年度轮值主席

扬州大学教授

观察今年入选调研并获得管理模式创新奖、杰出奖以及数字化实践突破奖的企业，它们都经历了剧烈的经济波动、产业变革与市场洗礼，并保持了韧性可持续的发展，特别是经受住了疫情与逆全球化风险的考验。根据观察，它们具有以下 5 个方面的共同特征。

第一，中国企业家精神与韧性发展。

这种长期韧性发展的形成与中国企业家群体的精神气质分不开。中国企业家精神有中国的传统文化特色，从调研的结果来看，中国企业家精神气质包括以下 3 条：

1. 中国企业家精神追求产业报国、商以载道，是韧性发展的精神源头。例如，立白集团受家国情怀的牵引，并根植于潮汕地域务实营商的企业家精神；白象以至诚为信念，以为消费者持续不断生产创造安全、健康、美味的食品为初心；秦川机床让装备从中国走向世界的使命等，都体现了韧性发展的精神源头，都体现了产业报国、商以载道的精神。

2. 中国企业家精神蕴含与生俱来的忧患意识与自强精神，是韧性发展的文化基因。在这种文化基因的作用下，中国企业实质创新，引领国内产业成就全球影响力。在中国文化中，危机并存，这种与生俱来的忧患意识使得中国企业在面临不利环境时能够矢志不渝、自立自强。

今年入选的企业在创新文化的塑造、突破卡脖子技术、打破国外垄断等方面无不是自强精神的体现。例如山东高速集团在公路卡脖子关键技术上实现突破；新宙邦公司打破了进口材料在该领域的长期垄断；秦川机床成为中国机床产业的排头兵，是世界上能够制造高精度机床的屈指可数的企业之一等。

3. 中国传统文化与经营管理融合能够激发组织发展动能。重视中国文化资本与商业资本有机整合与融合，激活个体与群体，从而激发组织发展动能，成为这些可持续成功的公司共同的气质。在面对危机时，中盐集团发布"贤"文化纲要，"谨天遵道，上贤悔悟"的企业"贤"文化准则；德泰控股激活德泰从激活人开始，通过薪酬市场化改革、人才"质引聚合"、业务市场变革、企业家精神重塑等实现组织激活与重塑；立白的 5 个"立"，立信、立责、立旨、立争、立先；等等。

第二，高质量发展与数智重塑。

高质量发展，是当前企业生存与发展的必由之路。高质量发展意味着高质量的产品、高质量的服务、高质量的平台、高质量的创新、高质量的运营等。数智化转型探索与打造数智商业创新、数智驱动、智能运营的企业新范式正在成为重塑产业与企业发展模式与竞争的强大力量。

此外，这些企业都具备 ESG^① 的理念与意识，这也促进了企业的高质量发展。例如山东高速集团的数智化高速战略时期创造了公路交通领域多个唯一或第一，贡献了智慧交通的"山高智慧"；立白推出了立购台、立购星、生意参谋等营销 3.0 数字工具；新宙邦公司建立了智慧企业、智能制造的双轮驱动的数字化转型战略等。

第三，长期主义战略融入顶层设计。

长期主义、价值共生是稳健发展的中国企业的共识和共同的战略意向。长期主义意味着更加紧密地联系客户、创造顾客价值，意味着更加敏捷的组织反应速度，保持组织活力。很多企业家都谈到，在面对商业周期的情况下，使组织敏捷化，意味着更加执着于创造价值增量，发力创新，久久为功。

大量的中国优秀企业开始在顶层设计中融入放眼世界的长期主义，以及包含着长期主义思想的管理哲学和管理思想，不光是中国管理哲学，还包括西方的管理哲学在内。例如恒丰纸业以恒定的战略思考和明确的目标制定，来应对不断变化的顾客需求；白象集团长期坚持"为顾客做一碗好面"的创造力；新宙邦公司独创的"专精厚透"企业文化同样值得借鉴。

第四，聚合、共生与利他。

聚合与共生意味着消费者所获取的最终价值愈发仰仗于产业链的整体价值以及平台，意味着需打破原有的企业界限。比如奥康从鞋业拓展至生物制药领域，这意味着要协同构建起高效的价值创造网络，意味着价值共创、互为平台、互动成长以及互利共生等商业模式的创新与迭代。

---

① ESG 理念是一种关注环境（Environmentl）、社会（Social）和公司治理（Governance）的投资理念和企业评价标准。

总之，企业的成长路径务必是聚合、协同与共生，企业不可脱离产业链，必定是伴随产业链而发展，不可脱离平台，极有可能是随着平台而成长，秉持利他理念。如此一来，中国传统文化中的利他以及佛家思想中的利他便极具效用，彼此加持，帮助企业实现互动成长。例如，立白集团对行业优质资源加以整合，发布了日化智云平台，为日化产业生态圈赋能，重塑立白的第二增长曲线；德泰集团顺应数字化时代平台共生的发展趋势，将公司既有的复杂业态进行跨业态组合，形成产城跨业态组团协同增长；新宙邦公司以数字化驱动经营管理为核心，整合国内外产业链技术资源，推动产业链创新转型升级；等等。

第五，良知驱动商业创造与管理创新。

在商业周期处于百年变局的宏观环境之下，唯有借由管理创新，持续地向社会、向消费者不间断地供给价值增量才是王道。中国传统文化中儒家时常提及"内圣外王"，那究竟如何实现此"王道"呢？唯有做到"内圣"，而此"内圣"指的是什么呢？这"内圣"便是良知，其主体即全体中国企业家。中国企业家直面不确定的环境，坚守商业良知，坚持商业创造，锤炼企业人格，进而造就了杰出企业。

中国企业家并非徒然空谈良知，而是将良知切实落实于实际的商业运作当中，于现实管理中验证良知，经由良知驱动的管理创新必定能够引领中国企业走出周期与百年变局，开创中国企业的辉煌佳绩。

总论二
中国管理模式 50 人 + 倡议书（2023）

我们是一群致力于探索、发掘、提炼、弘扬中国管理模式的理论工作者、企业经营者和社会实践者，我们志同道合地走到了一起。我们十分执着，矢志不渝。我们相信：崇高的目标只要坚持一定能够实现。

2008 年，为了更好地总结中国企业的成功管理实践，推动中国企业的管理进步，让中国管理模式在全球崛起，我们发起了中国管理模式杰出奖评选活动。15 年来，伴随着中国的发展、中国企业的成长，中国管理模式杰出奖已经颁予百余个优秀企业，见证了一批批中国优秀企业走向世界的舞台，走向成功的殿堂。我们充分挖掘中国企业成功的管理实践，形成有特色的企业管理模式，先后出版了 15 本"解码中国管理模式"的图书，为中国企业管理与发展献计献策，在社会上受到广泛关注和高度评价。

2021 年我们又开始了梳理和提炼的工作，把十余年走访、总结出来的成功企业经验归纳成"中国企业管理的三维模式"以及"中国企业管理模式的九条原则"，我们把这些总结写成一本书——《路标》，呈献给大家，这是对我们过去 15 年上下求索的小结，也是对未来中国企业管理模式走向世界的动员。我们不想辜负这个时代，因为它是一个应该出思想也是能够出思想的时代。

当前，逆全球化趋势上扬，局部冲突和动荡频发；新技术涌现，加速新旧世界的更迭；世界百年未有之大变局剧烈演进，世界经济复苏动力不足。如何探寻新的出路，中国企业面临许多新的挑战。

中国式现代化道路的提出，为我们未来的发展明确了目标、方向和途径，作为中国式现代化重要组成部分的中国企业管理模式，同样是我们应对挑战，开辟航道，不可或缺的。所以，我们的工作不仅对于中国，而且对于世界，都是有意义的。

值此之际，我们倡议：

在当前背景下，中国企业家和管理学者应该坚定信心，扎根中国，拥抱世界。一方面通过踏实的行动，带动和引领企业、产业的自我超越，以支撑和丰富人们的美好生活；另一方面通过真诚的对话，让中国智慧与新商业探索融合，并为世界发展带来中国解决方案，使中国管理模式的理念和思想能够走向全球。

我们相信，拥抱世界是中国企业发展的必由之路，也是全球经济走向良性循环的必然选择。

我们相信，卓越的中国企业实践能够为世界提供好的产品和服务，也能够呈现具有共性价值的管理模式和管理思想，它既是中国的也是世界的，而我们愿意为此付出持久的努力。

中国管理模式 50 人 + 全体成员

2023 年 8 月 8 日

目　录
CONTENTS

第一章
山东高速：以制度创新推动数字化转型

引言

    良好的治理结构与机制是企业实现创新驱动高质量发展的制度保障。山东高速集团基于整体观的方法论，创建了"党组织靶向定位，三项工作机制精准发力，X 项制度措施作为合力保障"的"公司治理运作体系，通过"规则引领、清单管理、战略行动、监督实施"的模式将党的领导有机嵌入治理体系中，为国有企业全面加强公司治理提供了可供借鉴的行动方案。同时，科学决策、有效制衡、高效运转的集团治理型管控，为实现产业数字化与数字产业化双翼驱动的数字化转型、构建绿色智慧高速运营体系以及实现交通与能源的融合发展明确了方向与行动方案。技术中台、数据中台、高速云平台以及路网智慧管理大脑为实现产业数字化提供了可供操作的路径；数字产业生态圈、企业级"数字货币"以及数据资产入账入表为高速企业实现数字产业化提供了可供借鉴的"山高模式"。

山东高速集团发展历程与主要业务

    山东高速集团成立于 2001 年，历经 23 年，实现了从地方性企业成长为具有国际竞争力的大型基础设施服务商的转变。截至 2023 年年末，山东高速集团全年营业收入、利润总额和净利润分别达到 2601.2 亿元、

164.8 亿元、148.7 亿元，均创历史新高。管辖高速公路里程增至 8745 公里，继续保持全国同行业首位。全年完成交通基础设施投资 896 亿元，实现 5 条路、432 公里通车，9 条路按期开工。山东中欧班列开行 2566 列，在建在营境外项目 92 个，合同额突破 500 亿元。目前，山东高速集团拥有山东高速（600350.SH）、山东路桥（000498.SZ）、山高控股（412.HK）、齐鲁高速（1576.HK）、威海银行（9677.HK）、山高新能源（1250.HK）6 家上市公司，获评国内 AAA 级和国际 A 级信用评级。山东高速集团连续 18 年入选"中国 500 强"、排名升至第 106 位，连续 3 年入选"世界 500 强"、排名升至第 412 位，综合实力居山东省属企业和全国同行业前列。

（一）发展历程

1. 成立

2001 年 8 月 26 日，山东省高速公路有限责任公司正式挂牌。2008 年 1 月，公司名称变更为山东高速集团有限公司。

2. 联合重组

2004 年 12 月，山东省国资委、省交通厅批准山东省路桥集团成为山东高速集团控股子公司。当时山东高速以高速公路运营管理为主业，路桥集团深耕工程施工领域数十年，两者优势互补。2013 年，路桥集团在深交所成功挂牌上市。

从 2008 年 4 月 8 日获批重组齐鲁建设集团开始，山东高速集团仅用 9 个月时间，就重组整合了山东省地方铁路局、中国山东国际经济技术合作公司、山东省农村经济开发投资公司等 4 家公司，产业版图迅速扩张。山东高速集团在高速公路、铁路、港口、金融等领域的产业布局基本成形。

2020 年 7 月 13 日，山东高速集团与齐鲁交通发展集团联合重组，整合全省高速公路资源、优化产业资源配置，成为集团发展史上的里程碑事件。集团坚持党建引领，牢记使命担当，凝心聚力促融合，一心一意谋发展，聚焦主责主业，高效推进联合重组。经过联合重组，山东高速集团资产规模首次突破万亿元，在高速公路建设、运营等众多领域取得行业领先地位，规划设计、监理咨询等产业链条得到有效补充和强化，产业集聚能力进一步增强，成为全国交通行业的头部企业，产生了"1＋1＞2"的良好效果。

3. 改革创新

2006 年 4 月，山东高速集团实施"扁平化"改革，裁撤鲁东、鲁西、鲁南 3 个分公司机关，变三级管理为两级管理，变三级核算为两级核算。仅此一"变"，每年节省管理费 3200 多万元。

集团成立后的第一个 10 年，改革的重点是着力推动集团由行政性管理向高效能、市场化管理转变。通过实施劳动、人事、分配三项制度改革，大大激发了干部职工的活力和创造力。建立精细化管理体系，每一项业务都有明确的操作规定和考核标准。一系列改革"组合拳"，强化了集团服务、提升效益、加强创新等市场化理念。

混合所有制改革是增强企业活力、提升企业竞争力的有效途径。山东高速集团将二级及以下具备条件的企业全部纳入混改计划，精心挑选战略投资者，成功引进中远海运、中国建筑、金溢科技等优秀战投，获得了资金、技术、管理、市场、人才等核心资源。信联科技等公司通过员工持股试点，使员工利益与公司利益紧密关联，员工创业与工作热情得到充分激发。

在三项制度改革、非主业清理、出僵治亏、资产证券化等改革中，山东高速集团同样走在省属企业前列。将"下"作为三项制度改革中人事制度改革的突破点，集团党委管理的领导人员末等调整、不胜任退出多人。全员绩效考核、薪酬与考核挂钩覆盖率均达到100%，不同二级单位负责人薪酬差距达到6倍。坚持"一企一策"，完成28户非主业企业清理和全部10户"僵尸企业"处置。通过推动首发上市、优质资产注入上市公司、上市公司再融资等举措，集团资产证券化率达66.4%。

4. 国际化发展

创立之初，山东高速集团业务集中在山东省内。重组中国山东国际经济技术合作公司后，山东高速集团开始实施"走出去"战略，积极承揽海外市场订单，同时整合内部资源，实现资质业绩、资金设备、市场信息等的共享，推动集团内部企业抱团出海。积极开拓海外市场，业务延伸到世界100多个国家和地区。在海外承揽并成功实施了多个大型国际承包工程和民生项目，如中国—中东欧国家合作框架下首个落地的基础设施项目塞尔维亚E763高速公路项目，是中国企业在欧洲承建的第一条高速公路。

（二）主要业务

山东高速集团坚持"一体两翼三驱动"的发展思路（以交通基础设施投资建设运营为主体，以工程建设和产融结合为两翼，以产业拓展、改革创新、动能转型为三大驱动），深耕基础设施投资运营、工程建设、金融资产投资与管理、路衍产业、新兴产业、战略性投资六大核心业务，致力于世界一流企业和世界一流基础设施综合服务商"双一流"的目标。具体而言，山东高速集团主要从事高速公路、桥梁、铁路、港口等建设、管理、维护、经营、开发、收费；高速公路、桥梁、铁路沿线的综合开发、经营；土木工程及通信工程的设计、咨询、科研、施工及境外工程承包和劳务输出；建筑材料销售；机电设备租赁；广告、房地产、旅游及其他三产的经营与开发；交通产业、新兴产业；金融产业；新兴能源技术研发；人工智能行业应用系统集成服务；公路管理与养护；建设工程监理；通用航空服务；各类工程建设活动等。

山东高速集团在集团党委全面领导与董事会战略决策的引领下，公司治理效能快速转化为经营功能，近五年实现了资产规模年均增长200.81%、营业收入年均增长 29.79% 的快速发展，并实现投资收益年均增长 152.21%、利润总额年均增长 197.38%、净利润年均增长 192.23%、营业利润率年均增长 125.75%、净资产收益率年均增长 150.18% 的良好效益。山东高速集团在自身快速发展与经济效益有效改善的同时，也为社会做出了应有的贡献，其近 6 年累计缴纳税费达 6139281 万元，5 年内年均税费增长 218.74%（见表 1-1，图 1-1 至图 1-6）。

表 1-1　山东高速 2018—2023 年主要财务数据

指标	2018 年	2019 年	2020 年	2021 年	2022 年	2023 年	年均增长（%）
营业总收入（万元）	7062684	8479337	15593860	20083604	23176927	26011809	29.79
营业利润（万元）	765091	864540	586152	1508326	1562129	1652084	193.00
投资收益（万元）	697104	575555	948016	543387	774039	711374	152.21

指标	2018 年	2019 年	2020 年	2021 年	2022 年	2023 年	年均增长（%）
利润总额（万元）	708737	849903	587729	1524403	1547601	1648248	197.38
已交税费总额（万元）	452081	510149	857669	1179354	1652729	1487300	218.74
净利润（万元）	587370	586576	294029	1124138	1153996	1251700	192.23
营业利润率（%）	10.83	10.2	3.76	7.51	6.74	6.35	125.75
净资产收益率（%）	3.53	3.03	0.97	3.75	3.66	3.46	150.18
资产总额（万元）	61458650	72175044	107074705	113918465	132254620	151374345	200.81
负债总额（万元）	43681604	51199877	76171616	84634150	98569112	112791367	203.67

资料来源：山东高速集团官网 http://www.sdhsg.com/index

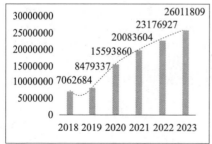

图 1-1　2018—2023 年山东高速营业总收入
（万元）

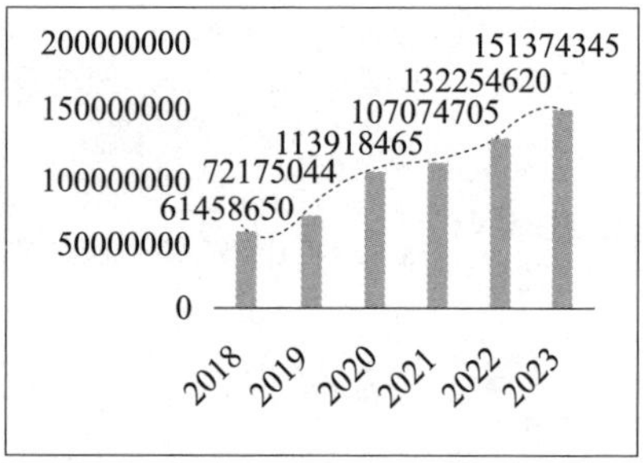

图 1-2　2018—2023 年山东高速总资产
（万元）

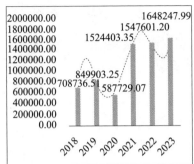

图 1-3　2018—2023 年山东高速实现
　　　　利润（万元）

图 1-4　2018—2023 年山东高速
　　　　已缴税费（万元）

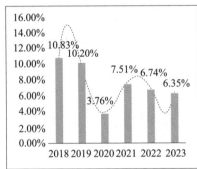

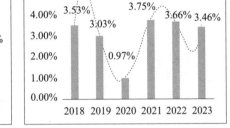

图 1-5　2018—2023 年山东高速营业利润率　图 1-6　2018—2023 年山东高速净资产收益率

"1+3+X" 治理创新为集团高质量发展提供制度保障

　　2020 年下半年，山东高速集团针对国有大型集团管理层级多，党委、董事会以及经理层责权不清，外部董事制度不完善，权属单位董事会治理效能差异大，出资人意志难以充分实现等国有企业常见治理问题，经过多年的探索，形成了独具特色的"以党建引领为中心靶向定位，双轮驱动决策、对口联络服务、两沟通两调研两报告 3 项机制精准发力，多项制度措施合力保障（1+3+X）"的公司治理运作体系。通过党委会把关定向、董事会战略决策与风险防控、经理层经营管理的工作机制，初步创建了现代国企治理的"山高模式"，为构建权责法定、协调运转、有效制衡的国企集团治理机制提供了经验借鉴。

（一）"一个中心"党建引领

坚持党的领导、加强党的建设，是国有企业的"根"和"魂"，发挥党组织的领导核心和政治核心作用是我国国有企业的独特优势。把党的领导融入公司治理各环节是中国特色现代企业制度的必然要求，是国有企业公司治理的重大创新。

山东高速集团始终坚持"两个一以贯之"，通过"规则引领+清单管理+战略行动+过程监督"模式，充分落实党委会"把方向、管大局、保落实"的职能定位，将党的领导融入公司治理的各个环节，确保党委对"三重一大"事项的前置研究。同时，明确股东会、董事会、监事会、经理层等职责权限，确保各治理主体不缺位，不越位，不相互替代，不各自为政。目前，山东高速集团纳入"国企改革三年行动"和"国企改革深化提升行动"范围的各级权属企业全面完成党建入章。深入贯彻"红色山高"理念，将党的优良传统和优秀经验转化为改革发展的动力，通过引导企业树立符合社会主义核心价值观的企业文化，为员工提供企业凝聚力和归属感，使全体员工同频共振于党组织的领导下。

（二）"三项工作机制"精准发力

1. "对口联络服务"机制

为提升公司治理有效性，解决权属企业公司治理水平参差不齐、公司治理人才严重不足等难题，以满足出资企业需求、匹配政策清单、协调解决问题为导向，山东高速集团建立了公司治理的"对口联络服务"机制。在集团总部层面，精心挑选多名业务骨干作为集团管理的二级权属子企业及出资企业的对口联络服务员。在各二级权属子企业层面，设立公司治理联络员，负责本级公司治理工作，及时联络总部对口人员解决公司治理问题，确保治理工作平稳推进；同时，负责督导下一级单位的公司治理工作，解决权属单位的公司治理问题。具体的工作流程为：

（1）精选骨干，权责明晰，主动服务。精心挑选总部的多名精锐业务骨干作为集团管理的69户二级权属企业及出资企业的对口联络服务员，主动服务，实现"一人受理，首问负责，专业服务，跟踪办结"。

（2）定期总结，撰写通用问题答疑。对口联络服务员根据日常工作中各权属单位提出的疑难问题，定期将各权属单位提出的热点、难点问题汇总、提炼，以通用问题明白纸每周一贴等形式，分发给各权属单位，推动权属单位董事会工作标准化、制度化。

2. "双轮驱动决策"机制

为优化集团公司管控，落实"通过董事体现出资人意志"要求，促进委派董监事、授权股东代表规范履行职责，进一步提高决策质量、运转质量和效率，山东高速集团在经营管理决策过程中，建立"双轮驱动决策"工作机制。一方面，委派董监事对任职公司股东会、董事会、监事会有关事项及时提出个人意见；另一方面，股东各业务部室根据职能分工同步审核有关议案，提出专业建议，推动股东最终意见的形成。同时，集团还利用数字化手段，实现全程留痕、归档、可追溯。具体机制为：

（1）发起人提交议案材料。委派至出资公司的董事（牵头人）对任职公司股东会、董事会、监事会有关事项及时提出意见，在出资公司董事会召开前十个工作日或出资公司章程要求的时限通过集团公司"智慧办公"系统中"委派董事（监事）工作事项审签流程"向集团公司报告议题材料，其他董监事需对议案材料同步发表意见。

（2）向相关业务部室报送。集团公司董事会办公室根据总部部室职责分工将议案材料分发至相关业务部室。

（3）各业务部室审核汇总。股东各业务部室根据职能分工同步审核有关议案，提出专业建议，推动股东最终意见的形成。如需履行集团公司决策程序的按相关规定办理。

（4）授权股东代表表决。董事长确定授权股东代表，按审批意见表决，推动股东最终意见的形成。

3."两沟通两调研两报告"机制

针对集团决策信息沟通和委派董事履职中的难点痛点，山东高速集团各级权属单位董事会全面建立"两沟通两调研两报告"工作机制：

（1）重大事项和议案由任职企业提前与外部董事书面沟通，提前与上级业务部室沟通；对于提交董事会审议的"三重一大"议题，对党委前置研究讨论并提交董事会审议的重大经营管理事项，采取董事沟通会等多种形式，进行会前沟通。进入董事会的党委领导班子成员或经理层成员、董事会秘书应受党委委托，就党委意见和建议方案与董事会其他成员尤其是外部董事进行充分沟通，或者听取董事会专门委员会的意见。会前沟通过程中出现重大分歧的，一般暂缓上会，进一步提高董事会决策的有效性。集团还建立了董事务虚会制度。全体董事召开董事务虚会，对公司发展和公司治理现状、行业发展动态、公司发展思路及十四五发展规划进行充分交流，充分的思想碰撞与交汇融合，提升了董事的专业能力与履职能力。

（2）定期调研和专题调研相结合。为了缓解信息不对称，提高董事会治理的有效性，集团董事会办公室严格落实外部董事召集人制度并每年制订董事调研计划，组织集团外部董事定期调研集团权属单位，形成专题调研报告，为董事深入了解集团公司战略发展提供渠道，提高了董事决策的有效性和针对性。专门调研集团各二级权属单位公司治理状况，形成《关于权属单位董事会运作情况的调研报告》等一系列报告。针对提交董事会的重大议题，集团董事会还有针对性地开展专项调研。

（3）定期报告和重大事项报告相结合。集团各级外部董事定期向上级作履职报告；在参加董事会会议时，出现反对、弃权等表决情况，外部董事本人在会议结束后1天内，向上一级书面反馈报告。在持续强化向上沟通汇报的同时，为保障董事会"定战略、做决策、防风险"职能的充分发挥，强化外部董事召集人制度，利用召开董事会会议、董事沟通会等契机，进行深度交流学习。

（三）"X项制度措施"合力保障

1. 党管干部助力人才成长

（1）坚持党管人才原则。持续健全完善党委统一领导，组织部门牵头抓总，有关部门各司其职、密切配合，用人单位发挥主体作用，社会力量广泛参与的党管人才工作格局。成立集团党委人才工作领导小组，集团党委每年至少1次专题研究部署人才工作，重大人才事项及时提交集团党委会研究；党委书记切实扛起第一责任人的责任，每年点题认领党委书记人才工作项目；研究制定集团《关于加强和改进集团人才工作的措施》等制度规范，明确总部部门和权属单位责任分工，不断完善人才工作考核机制，层层压实人才工作责任。

（2）搭建平台聚人才。高标准组建山东高速创新研究院，有效整合人才、设备、平台等研发资源，围绕集团重大工程、重点领域有效集聚人才、培养人才，形成"科技创新发展部—创新研究院—权属单位创新分中心"多层次创新组织架构；高起点组建山东高速人才发展院，聚集集团内外优质学习资源，通过课程资源建设、师资队伍建设、重点培训项目实施、在线平台建设等，全面构建体系化、网络化的人才培养机制；制定"科技型中小企业"—"高新技术企业"梯级培育计划，分层次、分方向建设各类高水平科研平台，推动形成"集团级（或市级）—省部级—国家级"人才平台建设体系。

（3）全面培养助成长。坚持多维度、多层次培养企业发展所需的各类人才，全面提升集团人才培养能力。一是加大教育培训力度。依托省委党校集团分校、人才发展院、高速大讲堂等，积极开展政治理论教育和业务能力等培训。二是加强实践锻炼。注重把年轻干部安排到关键岗位和生产经营一线锻炼，在急难险重任务中摸爬滚打、经受考验。三是强化全链条培养。实施"青年（商业）骨干培养计划"，每批次组织2轮笔试、3轮面试选拔青年（商业）骨干，通过实战案例解析、任务实践、产业研究、国内标杆企业考察、内外部导师助理实习等方式培养企业发展所需的优秀青年人才。

2. 规则保障董事会有效运作

对标国务院国资委出台的一系列政策法规，加强顶层设计，建立健全保障董事会规范高效运行的制度体系。坚持系统观念，规范章程内容，强化章程约束，做好相关治理主体议事规则等的动态调整；提高内部制度的针对性和有效性；探索差异化治理，推动制度建设向基层企业延伸拓展，逐步形成系统完备、横向协同、上下贯通、务实管用的制度体系。先后印发《董事会议事规则》《董事会议事清单》《议案管理办法》《董事会决议跟踪落实及后评估制度》等21项制度，串联起董事会"事前＋事中＋事后"的全链条管理机制，进一步夯实董事会运作的基础。目前，已形成较为完备的董事会制度体系，董事会与其他治理主体权责边界清晰，董事会运转有章可循，董事会经营决策主体作用得到有效强化。

（1）纳入国企改革深化提升行动考核范围的233家权属企业，全面完成董事会应建尽建、配齐建强，实现外部董事占多数。

（2）建立董事会的各级权属企业均制定董事会议事规则、清单和授权工作制度，实现治理工作的有章可循。

（3）重要子企业均设置董事会专门委员会，全面落实重要职权。部分上市公司设立战略发展与ESG管理委员会、关联交易控制委员会等专委会，进一步强化董事会职能。

目前已形成了较为完备的董事会制度体系，董事会与其他治理主体权责边界清晰，董事会运转有章可循，董事会的经营决策主体作用得到有效强化。

3. 授权放权推动精准实施

所谓授权是指董事会在一定条件和范围内，将法律、行政法规以及公司章程所赋予的职权委托其他主体代为行使的行为。所谓行权是指授权对象按照授权主体的要求依法代理行使被委托职权的行为。为厘清公司治理主体之间的权责边界，规范董事会授权管理行为，促进经理层依法行权履职，提高经营决策效率，增强企业改革发展活力，山东高速集团于2021年9月制定了《董事会授权经理层规定及总经理向董事会报告工作制度》和《董事会向经理层授权清单》。2023 年又修订了 2023—2024 年度董事会授权清单，其中涉及董事会向董事长授权 2 项，董事会向经理层授权 10 项。集团建立了董事会授权经理层工作制度，经理层在权限范围内行权履职。董事会根据工作实际对授权情况进行监督检查，切实做到"该放的放到位，该管的管住管好"。

（1）集团坚持依法合规、权责对等、风险可控的基本原则，按照决策质量和效率相统一，根据经营管理状况、资产负债规模与资产质量、业务负荷程度、风险控制能力等，科学论证、合理确定授权决策事项及权限划分标准，防止违规授权、过度授权。

（2）在授权过程中，切实落实授权责任，坚持授权不免责，授权不等同于放权；同时根据权属单位所处行业、资产规模、公司治理水平等进行分类，分别给予不同的授权放权，厘清集团与权属单位的权限边界，属于权属单位决策范围的由董事会自行决策，属于集团管控事项通过双轮驱动决策工作机制的由董监事提出意见后提报集团进行决策。充分尊重各级权属单位的经营自主权，提高了管控效率，激发了基层活力。

（3）授权后董事会强化授权监督，定期跟踪掌握授权事项的决策、执行情况，适时组织开展授权事项专题监督检查，及时评估行权效果。根据授权对象行权情况，结合公司经营管理实际、风险控制能力、内外部环境变化等条件，对授权事项实施动态管理，及时变更授权范围、标准和要求，确保授权合理、可控、高效。经过三年的运行实践，经理层能够准确执行落实党委会、董事会决策部署和董事会的授权工作，未出现违反董事会确定的公司战略、年度计划、经营预算等情形。

4. 精准考核促进形神兼备

根据国企改革任务"可衡量、可考核、可检验、要办事"要求，构建精细化引领、差异化考核的自评体系，山东高速集团加强了精准考核，制定了《各级权属单位公司治理重点改革指标对照检查体系》，从董事会应建尽建（20分）、外部董事占多数（9分）、重要子企业需设立规范的董事会专门委员会，全面落实董事会职权（本项考核内容只针对23家重要子企业，10分）、建立健全董事会议事规则和议事清单（20分）、规范运行董事会（24分）、建立健全董事会向经理层授权的管理制度和总经理向董事会报告制度（8分）、建立健全信息公开制度（10分）以及加分项（2项）与减分项（1项），涉及78个节点的各级权属单位公司治理重点改革的详细内容。从七大方面精准"画像"，巩固"规定动作"成效，推动公司治理改革"形神兼备"。

精准考核的实施，确保了董事会治理的形神兼备，公司董事会治理水平得到显著提升。一是纳入国企改革深化提升行动范围的233家权属企业，全面完成董事会应建尽建、配齐建强，实现外部董事占多数。二是已建立董事会的各级权属企业均制定董事会议事规则、清单和授权工作制度，实现治理工作的有章可循。三是重要子企业均设置董事会专门委员会，将重要职权全面落实到位。部分上市公司设立战略发展与ESG管理委员会、关联交易控制委员会等专委会，强化董事会职能。在这种运作体系的引领带动下，高速股份先后荣获"第十二届中国上市公司投资者关系天马奖"的"最佳董事会奖"和中国上市公司董事会"金圆桌奖"之公司治理特别贡献奖。

（四）战略转型持续升级

1. 制定产业数字化和数字产业化"双翼"发展的数字化转型蓝图

2021年5月，山东高速集团组建了智慧管理中心，并于2022年

1月10日正式启用了指挥调度中心，标志着企业在数智化转型、路网智慧化管理方面迈出了重要步伐。面向"十四五"，山东高速集团提出了"1234数字化转型蓝图"，探索数字产业化与产业数字化双翼驱动的数字化转型之路。

一个基础：构建一体化平台，作为数字化转型的基础设施，支撑企业的数据集成和流程协同。

两个核心：以两大智能系统为集团数字化转型的核心，这两个系统可能是企业智慧大脑及数字穿透工程，它们通过门户穿透和数据穿透，推动业务、流程和管理的一体化。

三个支撑：建立三大数据中心作为支撑，这些数据中心可能包括业务数据中心、财务数据中心等，以确保数据的集中管理和高效利用。

四个导向：以四大应用场景为导向，这些场景可能涵盖综合办公、人力资源管理、业财协同发展、风险防控等方面，深化数字技术的应用，促进管理创新和流程优化。

通过"1234数字化转型蓝图"，山东高速集团将实现数据链、产业链、创新链的深度融合，加快形成高质量发展的新质生产力。集团还将通过数字化转型，提升其智慧化管理水平、养护水平和服务水平，为出行公众提供更优质的服务体验。集团还注重通过数字化手段提升工程的施工和管理效率，以及通过数字化供应链平台等措施，加速实体经济和数字经济的融合，培育新的盈利点。

2. 构建绿色智慧高速运营体系

在集团党委全面领导和董事会战略决策的引领下，山东高速集团持续探索并构建"零碳＋近零碳＋零碳氢能"发展的绿色智慧高速运营体系。打造了全国首个自我中和的零碳服务区——济南东服务区，分布式光伏发电系统装机总容量为 3.2 兆瓦，年均发电量约 360 万度，年均减少碳排放 3200 吨，远超当前年均 2000 吨的排放水平。服务区实施零碳运营，为全国服务区绿色发展提供了"山东方案"。作为山东高速首个近零碳服务区，京台高速济南服务区实现了"打造光伏观光廊道""构建虚拟电厂运营管理平台"两大创新，年均减排 1725.9 吨，减排率达到 66%。青银高速高密零碳氢能服务区 1.6 兆瓦的光伏电站已实现并网发电，年均碳排减少 500 吨。2024 年 4 月全国首个高速公路服务区现场制氢、热电联供项目在青银高速高密服务区落地运行，实现氢能"制储输用"一体化。济青中线济潍段零碳智慧高速，打造了"智能管服、快速通行、安全保障、绿色节能、车路协同"五大零碳体系，是山东高速建设的智慧能源网系统，对光伏发电供给、消纳、流动和储存进行智能调度，实现多能互补供电和高速沿线设备用电的动态供需平衡。集团致力于探索 CCER（国家核证自愿减排量）、绿证等碳资产的统筹开发，将寿光西分布式光伏电站所发的 625.2 万度电成功开发为国际绿证，实现了集团国际绿证交易"零"的突破。作为可再生能源发电量交易凭证的国际绿证，可在国际市场上进行交易，有助于促进全球范围的清洁能源发展。通过国际绿证的开发，山东高速集团不仅能够获得经济收益，也提升了集团在国际新能源领域的影响力和竞争力。

3. 打造交通与能源融合发展的新生态

山东高速集团党委与董事会坚持生态优先、绿色发展的理念，深入挖掘高速路网资源，利用收费站、匝道圈、服务区等土地及屋顶建设分布式光伏发电项目，打造光伏产业带，盘活高速路域资源。截至 2023 年年底，已建成高速公路沿线光伏电站装机容量达到 407 兆瓦，位居国内高速公路沿线光伏建设容量第一。通过直流能源网络环网控制技术，实现相邻站点间的电力互联互通，实现绿电全路域覆盖。在新建服务区中，探索引入微风垂直轴风力发电机、地源热泵系统，搭建绿色、高效的高速公路能源体系，以推动交通与能源的深度融合。集团与头部车企合作新建成 18 座乘用车换电站，换电站总量突破 40 座。先后签约菏泽 387.5 兆瓦集中式风电、山西 200 兆瓦集中式光伏、泰安 100 兆瓦 /200 毫瓦时共享储能、华电 800 兆瓦风电运维等多个外部项目，助力集团实现新能源装机容量突破 5 吉瓦，代运维容量突破 3 吉瓦，成为山东省域最大的新能源发电及运维企业，为实现交通与能源融合发展以及交通行业的绿色低碳转型提供了可复制、可推广的方案。

产业数字化与数字产业化双翼赋能集团数字化转型

（一）产业数字化

山东高速利用 BIM（建筑信息模型）、GIS（地理信息系统）、物联网、大数据等新技术，提升高速公路的精细化和智慧化管理水平。通过数字化赋能，提高了施工和管理效率，实现了高速公路"建管养运服"的全面升级。山东高速集团指挥调度中心总建筑面积 1500 平方米，配备 142 平方米高清大屏，实现了与集团路网各路段站点和管理体系的互联互通，可对山东高速集团所辖省内 7059 公里高速公路开展统一指挥调度，对全部 96659 服务电话进行总体管控。指挥调度中心可实现运行状态自动监测、突发事件自动报警、可用资源自动调配，使调度指挥"一图覆盖"、数据汇集"一网运行"。

1. 打造技术中台

形成数字化转型的"技术底座"。集团研发的技术中台，从众多应用系统中提取用户管理、权限控制、流程管理、消息通知等公共技术组件，为集团各级用户提供统一登录入口、业务办理、信息展示等功能。建设新的应用系统时，研发人员只需从技术中台中"按需取件"，再进行适当的研发、调试，即可快速完成开发任务，大幅缩短建设周期，有效降低了开发成本。

2. 构建高速云平台

依托"高速云"充足的算力和存储资源，建成全国首个"省域级"智慧高速云控平台；建成融"智能运输网、传感通信网、绿色能源网"于一体的全国领先、具有示范带动作用的京台智慧高速项目。"高速云"不仅提供了充足的数据存储空间，成为集团海量数据"安身立命"的场所，还为山东高速集团智慧高速示范工程、视频云联网省平台等众多的信息化项目提供了充足的算力，满足了集团在移动互联网、云计算、大数据、物联网等领域开展创新应用的需求。

3. 构建数据中台

利用数据中台对高速云数据中心中储存的数据进行采集、清洗、融合和挖掘，使数据可见、可懂、可运营，提高数据的应用价值。相关运营数据的实时采集、分析和可视化展示等功能模块，在及时处理异常情况的同时，还有助于科学开展道路救援分析、高频事故点位筛选等工作，极大提升了应急事件的处置效率。

4. 打造路网智慧管理大脑

聚焦高速公路路网运行管理，建成智慧大脑 2.0 数字化管理系统，数智化水平居同行业前列。"路网管理智慧大脑"包括智慧决策、应急指挥、出行服务、业务管理、视频融合、统计分析、运行监测、收费运营及气象服务 9 个功能模块，实现集团所辖省内高速公路"路网态势一张图、应急指挥一张网、出行服务一体化"。系统的运行，形成了"接警—调度—信息发布"业务闭环，解决了原路网管理系统"多平台、不融通"的问题，有效提升了路网应急事件处置效率和出行服务水平。

5. 道路养护数字化

京台高速山东段所有特大桥梁上，智慧融雪系统一旦检测到路面有积雪或结冰，就会做出智能判断，自动启动喷淋系统，喷洒环保融雪剂进行融冰除雪。通过桥梁健康监测大数据平台，可以实现全国15座特大桥、24座特殊结构桥、中小跨径桥环境温湿度、交通荷载、结构震动等运行数据的实时监测，实现对桥梁的智能感知和对异常情况的提前预警、高效处置。平台接入了200余个物联感知设备，实现了对桥梁四大类动、静态数据的实时采集、呈现和预警。养护人员可通过相关数据，对大桥异常情况进行实时监测和及时处置。

（二）数字产业化

1. 构建数字产业生态圈

围绕数字产业化，山东高速集团以实际应用需求为导向，大力发展专业化、个性化数据服务，拓展了公司的业务范围，形成以数字应用为纽带的生态，实现了数据资产变现。现有ETC（电子不停车收费）用户2950万，占全国ETC用户的1/8。集团利用牌照资质和收费数据资源优势，推动商业模式创新，打造全国最大的洗车综合服务平台，率先在机场、火车站、医院、景区等场景进行ETC停车场的升级改造，推出全流程智慧加油解决方案，实现"ETC+"的多场景融合发展。通过聚拢数据、融合创新，不仅提高了洗车、加油、停车等传统产业的运行效率，还实现了ETC用户服务的生态化和精细化，推进ETC从高速公路延伸至城市车生活的各个触点。用户停车、加油、洗车可以通过 ETC 进行支付，实现 ETC 从高速公路收费的低频应用到日常使用的高频应用；智能网联测试基地，精准的数据分析吸引了中国重汽等众多车企前来测试；云收费系统、智慧隧道等形成的数字化产品，在业内推广，实现了数据增值。

2. 打造企业级"数字货币"

围绕集团大基建、大交通等产业，持续探索新型支付结算在企业日常生产经营中的应用场景，打造了通汇新型支付结算平台，助力企业实现质量、效率与管理变革。收费站支持使用数字人民币缴纳通行费，不仅提高了收费站的支付效率，还为数字人民币在山东高速公路领域的推广应用积累了经验。集团发行了以数字人民币形式归集募集资金的科技创新可续期公司债券，在创新融资模式、降低融资成本、推动数字人民币应用、增强金融服务普惠性、提升支付体系效率与安全等方面做出了积极探索。搭建了集团企业间统一支付的结算"底座"，以供应链票据为纽带形成企业级"数字货币"，实现集团产业链各参与方资产流动及支付结算效率的提升，融资成本的有效压降。据测算，供应链票据可助力产业链融资成本平均降低 20%，压降资产负债率可达 15 个百分点。

3. 数据资产入账入表

山东高速集团成功完成首批数据资产入账入表工作，数据资产入账价值达 351 万元，评估价值逾 7200 万元，成为我国高速公路运营企业中首批数据资产入账入表的企业之一，开通了数据从资源到资产的价值跃迁之路。入账的数据资产涵盖了山东高速集团财务共享中心的财务智能分析平台、高速股份的路网车流量监测，以及通汇资本的对公数字支付科技平台数据监测产品。这些数据资产经过严格的清洗加工、合规确权、质量评价、成本归集和分摊以及资产登记等流程，确保了数据的准确性和合规性。数据资产入账入表，不仅推动了数据资产的产业化与价值化，也为激活集团数据要素潜能、拓宽数据资产的价值实现路径奠定了坚实基础。

结语

山东高速集团在近 30 年的发展过程中，通过持续的制度创新、管理创新以及数字赋能，实现了从地方性企业成长为具有国际竞争力的大型基础设施服务商的蝶变。

"以党建引领为中心靶向定位，双轮驱动决策、对口联络服务、两沟通两调研两报告 3 项机制精准发力，多项制度措施合力保障（1+3+X）"的公司治理体系创新实现了党委与董事会的有效协同，避免了程序的烦琐和资源的浪费。不仅充分体现了股东的意志、提升了集团战略决策的有效性，也激发了权属企业的活力。治理型的集团管控以及清单式的治理，厘清了集团与权属单位的权限边界，集团不直接干预权属单位的经营管理，而是以产权为纽带，依托权属单位的治理，通过委派董监事体现集团、体现出资人的意志，权属单位董事会职能得以充分发挥，提升了集团的管控有效性，并激活了权属企业的活力。

集团党委全面领导和董事会战略决策的引领，确保了山东高速集团在数字化转型、绿色智慧高速运营以及交通与能源融合发展等重大战略决策的有效性。通过构建高速云平台、打造技术中台与数据中台，实现高速运营的数字化。在运营数字化的基础上，通过构建数字产业生态圈、打造企业级"数字货币"以及数据资产入账入表的方式，激活数据资产潜能，为数字产业化探索了可供借鉴的实现路径。

集团通过制定绿色发展战略，实现了绿色低碳由理念到行动的落地。

"零碳＋近零碳＋零碳氢能"的绿色智慧高速运营体系，赋能高速集团打造绿色公路建设、绿色服务区建设以及低碳出行的普及。绿证等碳资产的开发，实现了集团国际绿证交易"零"的突破，不仅为实现数字产业化开辟了新的途径，并且提升了集团的国际影响力。

作为战略决策主体的董事会高度关注生态系统的构建，在集团党委的领导下，董事会基于高速产业特征，探索交通与能源融合发展的实现路径。产业链向前延伸，与头部车企合作打造出山东域内最大的新能源发电及运维企业。产业链向后延伸，实施分布式光伏发电项目，沿高速路域打造光伏产业带，盘活了高速路域资源。通过直流能源网络环网控制技术，实现相邻站点间的电力互联互通，实现绿电全路域覆盖。

专家洞察

山东高速集团是山东省属大型国有资本投资公司，2023年实现营业收入2605亿元，利润总额165.3亿元，同比分别增长12.4%和6.8%。截至目前，集团注册资本922亿元，资产总额达1.59万亿元，在《财富》世界500强中的排名升至第412位，综合实力居山东省属企业和全国同行业前列。

1. 强化投入实现创新引领

2022年投入研发经费45.5亿元，投入强度1.97%，居山东省属企业前列。目前拥有国家级科研平台2个、其他各类科研平台80个，高新技术、独角兽及瞪羚、"专精特新"等企业78家。在公路BIM"卡脖子"关键技术上实现突破，210多项成果转化落地，为强化国有企业科技支撑贡献了"山高力量"。

2. 突出特色构建现代化治理

创新公司治理"1+3+X"体系（以党建引领为中心靶向定位，双轮驱动决策、对口联络服务、两沟通两调研两报告 3 项机制精准发力，多项制度措施合力保障），完善党委会把关定向、董事会战略决策、经理层经营管理的工作机制，创建了现代化国企治理的"山高模式"。

3. 多个唯一加速数字化转型

建成国内第一个"改扩建 + 智慧高速"项目——京台高速泰安至枣庄段，创八项全国之最，平均车速提高 18.8%，危险路段事故率下降 49.6%。建成全球唯一真实场景的高速公路智能网联测试基地，拥有全国同行业唯一的国家级智能交通重点实验室，为智慧交通贡献了"山高智慧"。

4. 模式探索践行绿色发展

创新"交能融合"模式，创造了"零碳服务区"、规模化高速公路边坡光伏试验段、边坡光伏建设地方标准等多项"全国首创"，路域光伏并网超过 310 兆瓦，光伏、风电装机总容量 4.4 吉瓦，年均发电 65 亿度，探索出零碳高速的"山高经验"。

（注：山东高速董事会办公室张立卓为本章的撰写提供了丰富的素材支持，在此深表感谢。）

作者简介

谢永珍 中国管理模式 50 人 + 论坛成员
山东大学管理学院教授、博士生导师

第二章
德泰控股：组织变革与高质量发展模式

引言

大连德泰控股有限公司（以下简称德泰控股）是经大连市人民政府批准，在原大连开建集团有限公司、大连北方科技创业投资公司、大连开发区市政控股有限公司等开发区管委会三大直属企业基础上，于2004年2月成立的国有资产授权经营单位。总部位于东北首个国家级新区大连市金普新区，是辽宁省久负盛名的大型国有企业。截至2023年年底，公司总资产536亿元人民币，资产负债率57.5%，国内主体信用评级AA+，职工人数6300人。

从2014年开始，公司谋划市场化转型发展。2019年以来，围绕大连金普新区党工委、管委会赋予的新定位、新要求，德泰控股深化体制机制改革，全力推进改革创新发展，迈向高质量发展新阶段。现已形成以"城市生活服务商、园区开发运营商、产城融合投资商"为发展定位，数字经济、金融投资、能源环保、城市服务、开发建设、农贸物流六大板块协同发展的新格局。德泰控股综合发展水平在城投企业中位列前茅。

变革背景与挑战

我国的地方城市建设基本是通过政府进行大型项目投资建设来推

进，而根据法律规定，地方政府不能作为市场主体直接进入和参与各类市场的投融资、商业运营等。于是，一类由地方政府发起设立，通过划拨土地、规费、股权等资产组建，帮助政府完成城市土地投资与开发建设、城市基础设施投资建设与运营的国有企业——城投公司（也称为地方政府投融资平台公司）应时而生（其概念参照国发〔2010〕19号文归纳）。这类公司在1994年随着分税制改革和地方城市大基建、大发展而产生，并伴随2008年国家4万亿投资政策出台而大量组建，形成我国特有的城市投资建设行业，目前全国已经有12000余个城投或类城投公司。它们为中国的城市化、城市经济扩张、城市发展做出了贡献，也成为具有中国国情特色的行业公司。

随着我国城市建设与基础设施日渐完善，人口和经济增长放缓，产业经济换挡调整，对企业影响较大，各省城投类企业均面临传统经营模式不可为继的问题，都在探索战略转型之路。

德泰控股作为大连地方城投国企，自2004年重组成立以来，一直保持营收持续增长、公司稳健发展，2014年即开始规划转型，探索城投公司转型道路。2019年德泰控股提出改革创新发展新模式，通过系统梳理，总结出德泰控股战略转型与变革的问题与挑战，包括：组织活力欠缺，市场机制弱化；优势资源有限，竞争能力不强；等等。

直面问题与挑战，领导团队带领德泰控股在前期改革探索基础上，"聚势"谋划转型，并以"断臂求生"之魄力和大刀阔斧之聚势变革，率先走上"改革创新发展"之路，近年来在组织领导、人才文化、战略经营等方面改革创新成效突出，在国内城投企业普遍面临行业转型的情势下，率先"破局"成功转型，并实现营收年均20%以上增长（见图2-1）。

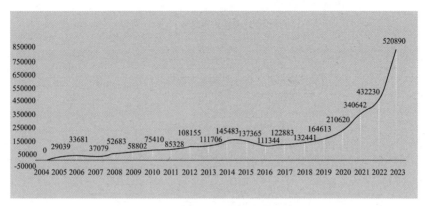

图 2-1　2004-2023 年德泰控股营业收入增长情况（万元）

德泰控股变革与高质量发展整体逻辑

德泰控股作为一家有 20 多年历史的城投国企，近 5 年营收方面实现年均近 20% 的增长，被誉为大连"国企改革和创新发展的标杆"，成为东北地区城投公司"头部"企业。德泰控股主要的成长逻辑可以归纳为：以企业家的变革型领导 + 系统性组织激活撬动德泰控股的产城业态协同创新，打造了跨业态组团成长价值链（见图 2-2）。

一是新时代企业家的变革型领导。领导班子确立"聚势优、营势机、行势强"的"聚势变革"的思想，形成"愿景引领、目标导向、系统思考、破立结合、以上率下、激情感召、领导追随"的变革型领导风格，聚势生成变革型领导力，激发集团及子公司变革、创业、创新的内企业家精神，加速推动了集团"二次创业"和集团组织变革。

二是系统性组织激活。体制紧固、组织刚性、惯性思维等一直是国企组织变革与创新的难点堵点，德泰控股在政府与国资委国企改革政策支持下，以"聚势变革"的领导思想和企业家精神，确立"激活—重塑—对标—突破—协同"的系统性组织变革路径。（1）组织"激活德泰

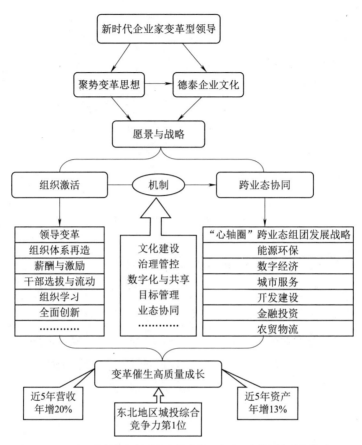

图 2-2　企业家变革型领导塑造德泰控股产城业态协同高成长模式

从激活人开始"。集团通过人才下岗再竞岗、薪酬市场化改革、市场引才的"鲶鱼效应"、企业精神重塑、治理管控重塑、战略—绩效体系再造等系统性制度变革，激活德泰母体的内生发展动力与执行力；（2）确立业务对标突破与协同和"心轴圈"跨业态组团发展战略。对标国内园区运营、城市服务、产业投资、数字产业等领域领先企业，学习其先进经营理念与模式，打开与突破集团内外不同业态组织边界，实施"心轴圈"

跨业态组团,并通过文化建设、目标管理、数字化共享等机制促进业务经营的自主化协同。通过人—组织—制度体系—业务的系统化组织变革激活了德泰竞争活性,5年来公司净利润翻了两番以上。

三是产城跨业态组团协同成长。集团适应数字化时代平台共生发展趋势,将公司已有的复杂业态如供气、水务、物业、交运、园林、园区、投资、数字、贸易等众多产业门类,按照城市生活生态、产城融合发展生态进行跨业态组团,确立"心轴圈"业态组团协同发展战略,按照"城市生活、产业价值创新"的实践场景——与使命对应,打破产业边界进行"圈块"生态组团,构造"三圈六板块"业态组团架构,探索并形成"用户需求牵引,效率价值优先、平台协同聚焦、激励模式创新、绩效导向考核"的协同发展模式,通过基于效率需求的业态组团、项目化突击团队与考核激励、数字化协同信息平台等机制提升协同自主性与效率。

企业家变革型领导塑造德泰高质量发展的实践

(一)企业家精神与变革型领导

管理大师德鲁克在《创新与企业家精神》一书中说,企业家是践行创造性破坏,创造出新颖而与众不同的事务或价值的人,企业家所具有的付诸行动、勇于创造、颠覆现状、推陈出新的品质即企业家精神。进一步说,企业家精神注入企业的领导与管理的突出特征是以变革和创新推动组织发展,视变化为机遇,并创造未来。身处 VUCA 时代的企业,特别是与城市建设、产城融合、土地经济密切相关的城投类公司,企业的企业家精神及其相适应的变革型领导,乃城投公司的战略转型与高质量发展的定海神针。德泰控股能够从一般的地方性投融资平台发展成为引领区域发展的多元化、市场化、现代化国有企业，与其新时代企业家精神发挥和变革型领导息息相关。

德泰控股早在 2014 年国务院发布 43 号文的时候，就已经开始筹划并探索市场化转型发展。有句话是"火车跑得快全凭车头带"，2019 年公司领导层将"变革""创新""担当""敢为""激发"等与企业家精神、变革型领导相一致的理念与精神注入德泰管理层的领导力当中，搭建具有企业家精神与变革领导能力的领导班子，确立"不破不立、先破后立"的变革发展总基调，以"大胆闯、大胆改、大胆试"的改革魄力，塑造新时代城投国企的企业家精神团队，打造并应用变革型领导力。在推动德泰控股向市场化战略转型与高质量发展的管理实践中，探索形成德泰的企业家精神特质和变革型领导力。

1. 新时代企业家精神的凝聚

企业家的洞察力、创业创新精神为企业转型发展提供有力支撑，企业家的创新精神、人才意识、敬业精神与合作精神是企业战略转型的关键[1]。德泰控股在国内城投类企业多数处在转型探索过程中的情况下，其营收和利润却连续逆势高增长，企业家精神的作用功不可没。在书面交流和调研访谈中，德泰控股的干部员工认为"企业家精神是引领企业高质量发展的有力支撑"，在市场化的改革发展中，德泰控股凝聚形成了具有德泰气质的企业家精神：爱企情怀、改革魄力、创新精神、人才至上、文化引领。

在爱企情怀方面，德泰控股的领导团队对公司扎根金普新区，服务

---

① 陈致中，沈源清. 企业家精神与中小企业战略转型 [J]. 现代管理科学，2014（6）:33–35.

城市发展的"拓荒牛"的历史传承有精神认同和情感寄托；同时，心怀促进国企新旧动能转换，实现产业转型，推动东北老工业基地振兴的使命担当。在整合优化城建、城维、能源等传统业务，提升其盈利能力的同时，勇于创新，敢为人先，为百年德泰发展注入新的产业动能，如投资建成东北首个、北方最大的人工智能超算中心，深挖数字资源，打造"大连数谷""数字德泰"，力争成为东北数字经济引领者。

在改革魄力方面，在管理学中，改革魄力一般对应的术语为"战略变革"和"领导变革"，战略变革对任何企业而言都是攸关全局、关乎所有利益相关者、充满风险挑战的重大决策，而对于长久以来依赖政府资源经营并仿同政府机关管理的城投企业而言，要推动市场化转型，引入竞争机制来激活故步自封的组织与员工，改变传统国企的运行习惯，需要德泰控股的领导者勇于担当、敢于涉险滩、善于科学筹划。德泰控股的领导团队围绕集团的发展问题，提出德泰盛衰存亡的 8 个"灵魂问题"，聚集改革的"势能"，动真碰硬，消弭一切阻力，使德泰控股从观念陈旧、管理滞后的传统国企一步步转为创新氛围浓厚、管理科学、科技赋能的现代化国企。

在创新精神方面，创新是企业家精神的核心之一，德泰的领导团队对创新有一种特别的"偏爱"，把创新贯彻到公司经营管理的方方面面，并且建立"超前意识引领超前行动"的"超前创新理念"，大胆超前布局新产业、新（技术）赛道、新模式。例如，在数字产业投资布局方面，抢先布局数字赛道，以数字化引领为主线，建设运营东北首个、北方算力最大的人工智能算力中心；以产业聚集发展区为核心，投资打造以数据集成、数据交易、数字金融及生命科学、智能制造、数字海洋为核心的千亿＋新兴产业集群，为德泰数字化产业铸基拓土。

在人才至上方面，德泰控股领导层把人才作为企业的核心竞争力，不仅写到文件里，更是贯彻到行动上，提出并落实"激活德泰，从激活人开始"。为了引进和激活人才，破解城投国企的体制内循环的用人机制，创新性重构了市场化人才引进与流动和体制内人才干部流动的人才选用育留机制，使两类人才同台竞技、同创同享，并设立"领军人才"创新基金，成功打造了人才集聚的高地。

在文化引领方面，德泰控股领导团队充分意识到企业家精神、改革创新的最深处便是"观念"与"利益"，而后者也必须通过前者来表征，一切变革要触动和激发"精神的力量"。德泰控股的企业家精神与变革型领导从始至终都关注文化的软实力引领和文化建设的实效性。在推动德泰控股企业变革上按照文化先行、制度跟进、组织变革、体系推进、人事适配、氛围营造、目标落实的逻辑，让文化引领企业发展有理念、有保障、有方法，见行动、见结果。

2.变革型领导的掌舵

变革型领导是一种非常重要并有相对成熟理论支持的领导风格与类型，它对处于动荡环境中的组织或处于发展或突发危机中的组织而言异常重要和稀缺。变革型领导通过愿景激励、坚定信念、担当作为、潜能激发、士气鼓舞、行动关怀等，建立、强化与员工的组织承诺、情感承诺、变革承诺关系，使员工和业务单位员工信任并追随领导者，[1]从而忽视或舍弃自身的即期利益，积极参与变革，将眼光更多地投向组织以及社会，实现组织与个人更大发展。[2]

---

① 于桂兰,张立越,孟莹.变革型领导与员工的团队认同——领导团队原型典型性和程序公平的调节作用.社会科学战线,2021,8:78–83.
② 张国玲.变革型领导与组织变革关系研究[J].宁夏社会科学,2018,11：123–128.

德泰控股在整个城投行业大转型、大变革环境下，面临市场化转型与高质量发展双重挑战。在此关键时刻，领导团队以创业的企业家精神和破釜沉舟奋力一搏的领导担当这一变革型领导风格，确立愿景、凝聚人心、建立信心、聚势而为，形成德泰改革创新、脱胎换骨、转型升级的变革的势能与发展的动能。德泰控股变革型领导的运作有聚势变革的领导理念、改革创新的变革路线图。

在变革型领导理念方面，德泰控股领导层通过组织学习、改革大讨论、引进外脑等方式，逐渐清晰地形成"聚势变革"的领导理念，作为推进变革的指针。"聚势变革"就是在城投行业与企业的逆势中，识势理、聚势优、营势机、行势强，从而成就德泰战略转型之势，在行业逆势中收获高成长红利。识势理在于认清德泰控股转型发展的复杂的势因、势利、势弊和机势，谋势而断、顺势而为，推进德泰控股变革与创新。扭转劣势，聚合机势，塑造优势，实现德泰控股的战略转型，要搞清楚德泰为什么要聚势谋变，有哪些势资源可用哪些不可用，如何聚合使用。

- 聚势优要求领导者汇聚员工形成变革谋发展、发展利大家的共识和人心，聚合有利于德泰资产和产业做大的资源势、信息势、能力势；
- 营势机就是要创造和抓住用于推进德泰改革创新，促进能力提升、业务拓展、产业升级的机势，接入、激活、整合、改变资源势形成新结构，破除、化解不利于公司变革的负势能；
- 行势强则是推动德泰改革创新的战略落地执行，通过治理体系、制度、组织、流程、目标、激励、文化建设、绩效考核的手段方法聚势发力，使营势转化为高质量发展的成势。

在改革创新的变革路线图方面，德泰控股首先确立"激活—重塑—对标—突破—协同"整体的改革路径，具体而言就是激活所有德泰员工，重塑组织架构、文化、薪酬和业务模式等，对标行业先进企业和成功案例，设立突破的目标和重点方向，造就内外部、业态之间的协同发展的态势。

其次是确立开展和保障变革创新的重点工作，形成推进变革创新的推进框架，一是确立"改革、创新、资本、人才、文化"的发展主轴和"三圈六块"的产业经营框架；二是岗位评价推进薪酬变革，"激活德泰从激活人开始"；三是刀刃向内，招贤选能，实施德泰历史上从未有过的"全体起立""全员竞聘"，重塑团队提振职业精神；四是推行经营计划，强化绩效目标考核；四是坚定不移推动创新，通过组织、管理、业态、技术、模式等方面的创新，开辟德泰发展的第二增长曲线，实现做大做强。

（二）激活组织激发德泰高质量发展的内生动力

企业的成长、竞争、获得与保持领先的关键在于经营要素的高效率和高价值运行，而获取这"双高"的核心在于员工及其组织。拥有高素质的员工并能够高效组织起来，一个企业就基本完成了人力资本、组织资本、知识资本的聚势，假以产业机会、战略布局和资源投入，则可以转化为高效高质量的创新、产品（服务）、产能、订单、营收、利润，即目标达成、业绩增长、品牌价值和核心竞争力。

德泰控股在新时代企业家精神和变革型领导的指引下，按照"激活—重塑—对标—突破—协同"整体的改革路径，从人与组织方面、配套的体制机制方面推动德泰控股从行政机关式的传统国企向市场化竞争式的现代国企转向，激活人与组织，激发经营要素的市场活性。在激活组织方面，德泰控股进行了系统化的组织重塑。

一是统一思想，打造变革型领导，推进文化建设。

德泰控股启动了"改革创新"大讨论，"市场化改革年"，要求高层有为德泰控股百年发展、德泰控股成为大连国企发展的样板而改革奋斗的胸怀、担当和使命感。时任领导借用管理大师查尔斯·汉迪的话："我们这些关键的人、核心干部同事，每个人都有企业家精神，（这是）企业的一条护城河。"为了更好地推动改革，使有关改革的举措、制度、组织的调整更为顺畅，德泰控股有序推进文化建设，确立"服务新生活，创造新价值"的企业使命，"同心同行、同创同享"的企业精神，和区域领先的城市与园区服务商的定位，并渐次完善文化体系。

二是组织体系再造。

组织好比战场或球场的阵型，它既取决于组织成员的能力与激情，也取决于架构设计形成的系统战力和关键组织节点资源能效。对于面临谋求战略发展转型、运营模式转型、规模效益变革的企业而言，其变革的实质是对多元组织要素进行重新配置以形成新的组织形式，即对组织的"再设计"[①]。

组织体系的再造就是"阵型"的变革，它涉及的不是简单的流程再造，而是体制机制、业态结构、管控架构、岗位结构、职权结构、领导体系等要素在内的组织系统的再造。例如：对比德泰控股 2019 年以来的集团组织结构变化，一个最"炸"眼球的印象就是集团二级公司、三级公司的名单的快速增加或调整，组织体系的规模化、丰富化和扩展性非常明显；在扩张组织体系的同时，德泰控股强化了"管控治理"体系的建设，确立"2+3"的管控架构体系，"2"指对成熟的二级子集团／公司适当放权，自行对下管控，"3"指对非成熟二级公司采取"总部管二级、二级管三级"的管控方式，打造"战略—经营计划—全面预算—绩效考

---

① Stouten J,Rousseaudm, Decremer D.Sucessful Organizational Change: Integrating the Management Practice and Scholarly Literatures[J]. Academy of Management Annals, 2018, 12（2）: 752–788.

核"管理体系，构建起公司发展的新格局；建立高效运转的"三会一层"治理体系和分级决策事项，设立专业委员会，发挥各专业委员会在重大事项中的决策辅助作用，明确了党委"把方向、管大局、保落实"，董事会"定战略、做决策、防风险"，经理层"谋经营、抓落实、强管理"的治理体系。

三是更富竞争力与高效的干部选拔与流动。

德泰控股在遵循国有单位干部选用政策制度前提下，获得更充分、更有弹性的干部和人才选聘的自主权，建立起"开放式用人机制"，这为集团实行更有力的变革型领导，打造"想干事、会干事、干成事"的领导与管理团队奠定了基础。在访谈调研中，德泰控股许多干部都对干部与人才选拔的改革印象深刻，认为这是德泰控股"历史上从未有过的'全体起立、全员竞聘'"，司管干部全部轮岗，能者上，庸者下，大胆启用年轻人。集团历经五轮干部岗位竞聘，一批年富力强、具有奋斗拼搏精神的年轻人走向各级管理岗位，成为德泰控股高质量发展的中坚力量。

四是力行市场化、效率性的薪酬与激励变革。

曾国藩曾言：天下事无所为而成者极少，有所利而成者近半，有所激有所逼可成者近半，可见"利"和"激"在目标达成中的功效。在访谈调研中，谈到德泰控股组织变革对个人影响时，被提到最多的就是"激活德泰从激活人开始""从发工资到挣工资""目标与绩效挂钩"等。

德泰控股要走向市场化，激活人、激活组织，最为直接和有效的改革便是对薪酬和激励进行刀刃向内的"体系性"变革。德泰控股实行"以岗定级，以级定薪，人岗匹配，易岗易薪"的岗位薪酬改革，确立兼顾效率与公平的"效益决定、效率调节、水平调控"绩效的激励宗旨，强调工资总额要与劳动力市场薪酬水平相适应，与业绩、工资双对标，实现与效益、效率的同向联系，用掷地有声、接地气的薪酬激励变革，激活人的工作能动性，激发部门、员工能力与业绩的双提升。

五是打造学习型组织。

提出第五项修炼的管理大家彼得·圣吉认为最成功和具有持久竞争优势的企业必然是"学习型组织"。组织学习是企业组织激活推进变革不可或缺的路径，"组织学习通过环境认知、知识获取和利用、团队合作以及员工的教育和培训等途径对企业战略变革具有影响作用"[①]。德泰控股的转型变革既需要组织内在的思想解放、心态转变，更需要强化学习特别是组织化、系统性学习，更需要更新干部员工的心智模式、知识与能力库，增强愿景与价值观认同，通过学习系统性提升组织的经营能力和创新能力。

德泰控股树立和贯彻"善于学习，勇于改革，崇尚创新，不懈奋斗"的企业核心价值观，形成文化"四常阵"（"大讲堂""智慧脑""先锋营""星光奖"）的学习型组织氛围，确立"对标学习"的惯例，要求学习见成效、见真功，转化为经营实效的提升。例如：集团公司对标学习"淡马锡"模式，强化资产运营与资本运作，聚焦三大主营业务，布局数字经济、金融投资、能源环保、城市服务、开发建设、农贸物流多元产业，引进、投资高端、高增值的产业，专业化运营；德泰能源集团围绕强化经营管理，对标郑州热力集团、长春供热集团等，建立精简高效的集团组织机构，加强集团化管理，提升运营效率；德泰一站式对标北京顺义市政控股"1分钟派单，10分钟内反馈，30分钟上门"机制，快速解决用户诉求，同时实现水、热、气配套服务一体化，通过流程再造、

---

① 何爱琴.组织学习能力对企业战略变革的作用和作用路径实证分析.图书情报工作，2010，54（22），70-74.

技术协同，建立"一支维修队伍"模式。

六是推动全方位创新。

创新是组织变革的核心内容之一，是体现组织激活的最高光成果。德泰控股负责人指出，创新是大家公认的企业价值观，不管是一个民族、一个国家还是一个单位、集体，只有不断创新才会永葆活力，创新是引领企业高质量发展的第一动力。

在实地考察和访谈调研中，德泰控股对"创新"的强调，和把创新视为竞争法宝无处不在。为了能够尽快实现市场化转型，提升德泰控股在区域乃至全国的竞争力，德泰控股开启了全方位创新的大幕。德泰控股在组织方面进行了人才管理、企业文化、薪酬绩效、组织结构、制度体系、运营模式、流程管理等方面的创新。一位高管评论说："这几年对组织文化、组织改革、管控体系的创新构造、人才引进和薪酬改革，这些都是不同于传统国有企业的组织与人才任用的规规矩矩的方法，用了很多创新的、开放的方法来做。"例如，组织文化方面，德泰控股创新性打造了适合本企业的文化生态和文化落地载体；大力实施数字化改造，建立财务共享中心，创新运营模式；薪酬激励方面除了薪酬绩效方面的创新外，考虑到公司战略布局而成立的新公司或项目周期长，创新性地设置"战略薪酬包"建立工资总额蓄水池长效机制，以丰补歉，以应对可能的业绩波动。在经营方面，公司也在技术、业态、商业模式、服务、产品等方面进行创新，我们在下面的业态高质量发展中进一步分析。

（三）产城跨业态组团协同高成长

德泰控股的企业家变革型领导和改革创新必定要落子到企业的产业经营和目标业绩达成上。然而，当我们阅读公司提供的素材和走进公司考察调研时，却发现德泰控股虽然在所处行业中资产规模整体不大，但资产布局的 6 大业务板块的产业布局覆盖了城建、市政、地产、物业、能源、环保、数字科技、投资、贸易、海洋经济、康养、交通等 30 多个门类。这些产业及资产多数由当地政府与国资委不断划拨到德泰控股，一部分是德泰控股自主扩张并入或新设的。各业态之间生产属性、技术属性、经营属性等差异非常大，业态的分散性、非关联性、复杂性和经营的难度可想而知。那么，德泰控股是如何整合这些复杂业态使其能协同起来促进集团高质量发展的呢？

1."心轴圈"跨业态组团发展战略

面对资产要做大、成长要高质量但业态差异大、成长性差距大、发展不均衡的复杂经营情境，德泰控股首先确定公司使命与愿景定位，以此框定公司发展的战略轴心。通过对公司、城市、产业发展的历史、现实、未来的分析，集团在企业文化中确定以"服务新生活、创造新价值"的使命和城市综合服务商、园区开发运营商、产城融合投资商为轴心，并将"改革驱动、创新驱动、资本驱动、人才驱动、文化驱动"作为战略发展的"驱动轴"，在此战略轴心指引下，按照"城市生活、产业价值创新"的实践场景——与使命对应，打破产业边界进行"圈块"生态组团，形成"三圈六板块"业态组团架构（见图 2-3）。

三圈按照支撑城市运维基础与集团基本运维、开拓产城价值和集团产业利基、投资新质生产要素赋能高质量发展来进行产业的圈层组团，然后按照圈层属性相近、用户结构相近、用户需求关联、产业链或运营链关联、公司价值贡献的现值与预期等，将公司划分为六大经营板块：能源环保、开发建设、城市服务、数字经济、金融投资、农贸物流。这六大板块中，城市服务属于基础支撑圈，开发建设、能源环保整体划归

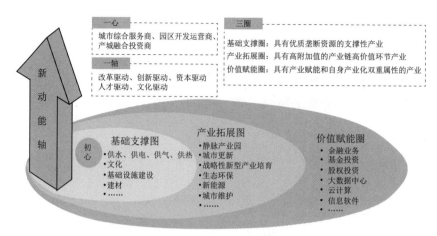

图 2-3　德泰控股"心轴圈"跨业态组团发展战略

产业拓展圈，但其细分产业具有基础和拓展双跨性，农贸物流属于产业拓展圈，数字经济和金融投资属于产业价值赋能圈，它们赋能其他两个圈层，同时自身具有产业化任务。

通过对"城市、产业、生活、价值"的业态功能属性与集团商业生态属性的划分及组团，使各个产业及其公司明确发展定位、经营创新方向和跨边界协同意义。在组团发展战略指引下，集团一方面强化目标引导与考核，激发各板块业态经营效能和业务或模式创新能力；强化协同，贯通六大板块联系，为各板块公司业态创新获取第二增长曲线赋能或创造机会，形成相互支持的一体发展的格局，让资源发挥最大效能。

2. 业态公司创新有为追求高质量发展

在集团变革型领导、系统性组织变革和体制机制创新的综合施策下，德泰控股的组织体系，特别是经营体系被系统激活，各业务板块及所属业态公司（二级、三级公司）充满竞争发展的活力。

一是进行业态结构创新，布局新赛道和新质生产力。这是德泰控股进行市场化转型走向高质量发展中最具创业属性、最活跃的经营变革。

传统的城投类公司主要围绕土地、园区、市政、地产及部分产业投资等政府规制导向的业务或业态进行投入、建设和运营，投入特别是重资产投入进入竞争性或前景尚不确定的新兴产业赛道的城投公司不多。德泰控股则属于不多的城投公司之一，并以"大胆改、大胆试、大胆闯"的变革魄力和行动，开展公司创业，不断涉足新的产业赛道，凝聚新质生产力，形成新业态竞争力。这方面最为突出的莫过于超前布局数字科技和数字经济，德泰控股斥巨资打造大连数谷，并布局人工智能"新基建"和算力科技，打造千亿＋新兴产业集群。目前建设运营东北首个、北方算力最大的人工智能算力中心，获得国家科技部首批"国家新一代人工智能公共算力开放创新平台"牌照并联合华为公司共同打造大连人工智能生态创新中心。

另一个布局新赛道进行业态结构创新的典型例子是进入农贸物流领域，把金融、贸易、能源、农海（农业海洋）等产业在"供应链"场景下汇聚或打通，并以自身的数字科技赋能，致力于成为"现代数智供应链集成服务商"，成为"资本运营商"和全力打造德泰版大宗商品贸易及供应链集成服务板块，充分发挥国有资本在区域内的产业链高端发展、重大产业项目建设的投资引导作用，赋能区域经济高质量发展。控股集团以大连现代农业产业中心与海洋经济产业园为依托，利用加工生产与品牌营销的双重赋能，汇集全球优质农海产品资源，高起点、高标准打造"立足大连、辐射东北、服务全国、联动东北亚"的智慧化、集聚性的农海产品批发交易平台，获取了农海产品流通领域中的高利润，提升了东北区域农贸流通水平。

二是传统业态降本增效与跨界创新并行形成高质量发展动能。

我们通过对德泰城建、市政、城维等传统业态公司的走访调研，发现各子公司都是使出浑身解数挖掘内部潜力，提升原有业务经营效能和开拓新思路"敢想敢试"进行跨边界业务创新，在产业链上下游进行延伸，找到符合国家政策或市场需求的新兴产业，并利用自身的技术优势与底蕴积累在新领域中快速成型，获取高利润附加值。集团企业文化主张的"善于学习、勇于改革、崇尚创新、不懈奋斗"的价值观，在许多子公司传统业态的转型发展和跨界创新中得到淋漓尽致的体现。

例如德泰水务环境公司，其传统的业务领域和优势主要是城市供水服务，而供水属于民生工程，价格由政府确定，具有定价刚性，在这一传统业务要提升经营利润，就需要在降本增效和增加可市场化定价的新服务上下功夫。德泰水务通过对光大水务的对标学习，瞄准供水漏损和水务监测这两个行业痛点问题下功夫，强化节能技术改造利用和智能化技术引进或自研，通过"智慧水务"管理平台、生产自控系统、管网调监系统的建设，实现供水管网压力、流量、水质等在线监测设备实时感知，并采用可视化的方式，形成水务物联网，实现对水生产和输送过程的全程监控，在大幅降低人力成本、减少供水漏损率的同时，提升了供水生产效能和经营利润。德泰水务的自来水管网漏损率仅6.05%，在整个东北地区最低，其优秀管理经验被辽宁省住建厅在全省推广。在提升传统业务经营效能的同时，公司积极谋求拓展新的业务领域，寻找创业发展的"第二增长曲线"，在恰好的时机，大连金普新区生态环境公司并入德泰水务，由此成立当前的公司，德泰水务顺势涉足污水处理项目，并跨界进入了矿山修复、稳定化飞灰填埋、炉渣生态化处置、土壤检测及修复、汽车拆解等非"生活用水、工业用水"业态的生态环保领域，相比过去，公司在主营业务实现大幅度的"产业跨界"，且这些业务具有较强的市场竞争属性。德泰水务环境公司这些延伸拓展的业务发展态势良好，大幅增加了公司的营收规模和利润，使公司跃居全国水务公司的前列。

又如德泰城服集团，传统意义上城市维护服务主要的服务内容是城市整体和相关单位的环境卫生、市政工程、安保服务等，基本也属于公益性、民生性的服务。德泰城服在主动有为地做好城市"大管家"工作降本增效的同时，按照"基础业务整合发展，特色业务个性发展"理念，结合自身的业务能力专长、服务专业化、作业服务潜能，研判拓展服务边界、创新服务产品、开拓新客户品类的机会和商业模式。通过调研和对标学习，城服集团大胆进入小区、写字楼的物业服务领域，将"城市大管家"的服务能力向小区、商业领域进行扩散和转换，与碧桂园、华润、龙湖等房地产业企业的物业公司竞争，开拓新区及周边的物业市场，实现物业服务领域的全业态扩张。在跨界进入物业领域的同时，德泰城服集团将城市维护服务与商业物业服务当作"一盘棋"，以集成化作业模式升级、物业市场化拓展、智慧化运营管理系统搭建为发力点，着力打造二者融合相互赋能的"一体化"的"有百姓温度"的大城服和"有城市宽度"的大物业，制定了《城维一体化工作手册》，借助智慧平台赋能作用，打造各种场景标准化作业模式，成为大连地区"一体化 + 专业 + 物业"模式的开创引领者，逐步建立德泰城服在物业领域竞争的"护城河"，以期未来成为"大物业"综合服务业态的领先公司。

3. 体制机制创新赋能业态组团协同成长

德泰控股的变革创新不是组织和业务系统、各业务系统自身的孤立变革创新，而是从一开始就强调整体、系统、协同的变革创新，这对于一个业态众多而资产规模有限的集团而言极为重要。为了实现市场化战略转型和高质量发展，德泰控股在经营管理上推出众多的政策、制度、举措，都有整体、协同推进层级组织之间、部门之间、业务公司之间"激活自身、大胆创新、协同合作、一体发力、同创同享"的特征。体制机制创新赋能或促进业态组团协同的制度举措包括但不限于文化、治理、数字化、目标、考核激励等，这些制度举措使业态之间产生1+1 ＞ 2 的协同效果。

一是完善的治理管控体系。

为保障"改革驱动、创新驱动、人才驱动、文化驱动"战略发展的"驱动轴"能全时驱动，德泰控股按照完善现代企业治理要求，梳理并完善"三会一层"内部治理结构，加强董事会建设，优化运行机制，通过下发分层授权清单，明确了权限划分标准、具体事项、行权要求，搭建起"公司治理—总部管控—所属公司授权"立体化治理"2+3"管控架构。通过完善的治理架构、科学授权放权，集团对二级公司的领导、管控更加系统、强有力，集团推行的体系化、改革性、协同性的政策和制度能够做到"一竿子插到底"；各二级公司在管控和授权的双重治理下，打破业态边界，协同合作有领导、有执行力。

二是强有力的企业文化建设。

德泰控股近年来引进了一大批市场化的人才，加入德泰控股后，他们发现整个公司的行事风格、决策授权、工作强度、考核要求、激励导向几乎都是靠向外资、民营企业的风格，有关创新、学习、奋斗的企业文化执行力比起外资和民营企业有过之而无不及。德泰企业文化风格的形成与集团全面推进改革创新之初，就重视企业文化建设，重视企业文化对管理和经营的激励、协同和一体化推进有关。公司领导层确立了"德泰发展，文化先行"的理念，提出"百年企业最终要靠文化来牵动和引领，德泰成为百年企业，一定要有优秀的企业文化做支撑"。在企业家精神的强力驱动下，德泰控股的企业文化由散乱无序，逐渐形成了科学完整的企业文化体系和德泰文化词典，"善于学习，勇于改革，崇尚创新，不懈奋斗"的企业核心价值观，"服务新生活，创造新价值"的企业使命，"同心同行、同创同享"的企业精神。德泰控股进一步打造了"大讲堂""智慧脑""先锋营""星光奖"四大企业文化载体，使集团各个业务公司的经营理念、问题、方案、打法、成效都能在这四个文化载体中分享、展示、研讨、修正和获得更大的文化赋能。这些独具特色的企业文化都已经深深扎根德泰，形成了德泰人自强不息、自信卓越的精神内驱，为企业高质量发展提供了不竭动力。

三是数字化技术应用共享成效突出。

德泰控股构建了"德泰数智平台"，该平台既是集团的数字化技术共享平台，也是数字化协同平台。平台统合了内部各业态门户信息网络，并以一体化系统形象开放性对接外部门户网络，数智平台以"四个导向"执行内部管理、客户服务和政企公共服务三大运营体系（见图2-4）。

图 2-4　德泰控股的数字化平台逻辑架构

德泰控股的数字化建设突出体现在两个方面：一是数字化技术应用共享赋能集团各经营要素的协同效率；二是数字化技术形成产业化应用助推德泰业态经营创新。后者作为产业业态创新前文已经叙述，此处不再赘述。就前者而言，德泰控股充分认识到数字化技术能够给大集团的服务创新、管理创新、产品创新和组织效能、协同效能提升，并最终提升公司竞争力带来的卓越价值。德泰控股积极抢占数字赛道，以数字化引领为主线，推进"运营一体化、服务敏捷化、业务数智化、数据价值化"，以数字化优势充分赋能公司城市生活服务、园区开发运营、金融投资贸易三大主营业务可持续发展。在公司治理方面，德泰控股已基本实现了集团业务统一上云，打造了"领导驾驶舱"和"一屏观德泰"，实现"一个事实，多个视角"的报表查看方式。在流程管理方面，德泰控股不断推进集团网络规划与私有云的融合，推进新建系统上云及老旧系统迁移上云，系统上云率达到 76%，实现了集团各类信息化资源统筹调配、统一管理，财务共享中心、线上审批流程、文献档案管理已全面实现数字化。在业务场景上的应用，集团分别打造了农业、农贸、泊车、交运、水热气运维、一站式服务、物业、城维、康养、海洋监测、工程管理、工地管理、仓储管理、统一支付、金融服务、供应链金融、园区服务、大厦管理、园区大数据分析等平台，并且为城市大脑、智慧城市、数字政府对外输出了企业政策服务、人才谷、工业互联网等众多应用平台。德泰控股通过了国家信通院专家认证，成为辽宁省首家获得数据管理能力成熟度（DCMM）管理级（2 级）证书的企业。

四是执行从顶层到一线的目标管理。

目标管理是现代企业一种非常常用和有效的机制，管理大师德鲁克指出："对于每个组织，目标界定越明确，生命力就越强；组织的绩效评价标准和尺度越多，它的行动就越有效能……"①对于像德泰控股这样业态非常复杂、业态异质性强、子公司和孙公司众多的集团公司，需要构建和使用恰当的目标管理体系来指导、激发、管控各业务单元激活全要素增长潜力，创造高绩效增长力，达成绩效目标。在多年的改革创新探索中，德泰控股基本形成了比较完善和有效的目标管理管控机制（见图2-5）。

战略与绩效管理体系：注重成效，强化激励

战略规划	德泰十四五战略规划 承接市、区规划，明确两商定位		
治理管控	因企施策，差异管控，加强董事会建设 全资公司：控制型管控（成熟子集团/公司增加授权） 混改企业：运营型管控、价值型管控、财务型管控		
运营激励	经营计划与全面预算	年度经营考核	增量激励机制
	年度经营计划 年度全面预算	年初评： 设"基准值""目标值" 挑战性强	年末考： 考核实际业绩 实事求是
			专项激励："星光奖" 专项攻坚奖：急难险重 重大攻坚 超额利润奖：开拓创新， 价值导向 转型发展奖：转型发展，新事 业领域拓展

图 2-5　德泰控股战略与绩效目标管理体系

首先是确定集团和各二级单位总体目标。这是根据集团战略目标结合上年度目标业绩、本年度内外经营环境及资源等来确定的，此时控股集团与各二级单位的关系比较明确，是投资者与经营者的关系，和指挥者与执行者兼有的关系，二级公司必须拿出能和控股集团战略目标、年

---

① Peter F Drucker. The age of discontinuity：Guidelines to our changing society［M］. New York：Harper & Row，1969，转引自罗珉.目标管理的后现代管理思想解读，外国经济与管理，2009，31（10）：1-7.

度目标匹配的年度经营目标和计划，才能与控股集团的资源匹配，而如果控股集团前期已经做了"长线"资源投入，则未来的年度经营都应体现投资的经营价值。其次是采用"年初评、年末考"的目标考核方式。"年初评"即围绕控股集团确定的总体目标，年初一企一策设置了指标的基准值与挑战值，企业根据自身特点在基准值与挑战值之间提出目标值并得出年初指标得分，推动所属公司年初高质量谋划全年工作，定指标、定任务、定举措。而"年末考"即年末根据实际完成情况计算完成得分，最终得分结合"年初评"及"年末考"计算得出。第三是"经营计划、全面预算、经营分析、绩效考核"高效联动机制。年初高质量谋划业务制订经营计划，通过全面预算夯实目标、匹配资源，每季度全面经营分析动态纠偏，实施年初评分、季度监控及年末评价的全过程考核，确保年度目标任务计划高质量完成。最后是目标激励。年度绩效考核拉开差距，业绩突出的子公司可获得年度"星光奖"，考核结果与干部任用挂钩；子公司年度目标层层分解、考核挂钩。新的考核体系激发了各子公司的工作热情，提升了业务谋划与推进能力。

五是创新治理体制机制引进战略伙伴。

德泰控股向市场化的战略转型，解决自身的队伍士气、薪酬激励、组织能力、制度安排、经营战略、目标执行是根本。然而，市场化转型不仅需要自身的努力，还要市场化的力量、市场化的伙伴的加持，更要通过工具化的体制机制创新来适应市场竞争，提升对市场需求与竞争的反应效率。混合所有制的产权工具是德泰控股推进业态组团走向市场的主要工具创新之一。德泰控股基于合作共赢、兼顾收益与风险平衡的混改理念，遵循战略协同、依法合规、持续深化、综合施策四大混改原则，以绝对控制权、相对控制权和安全控制权等控股方式广泛推动混改合作。

例如，德泰控股与港华燃气进行混改合作，设立德泰港华燃气股份公司，持股比例为大连普泰能源有限公司55%，香港中华煤气40%，双方建立了深度互信，确定了区域燃气一体化发展布局，优化燃气领域上下游产业链，开展燃气智能化技术创新，在公司成长性经济效益及资产运营效益上确定了区域龙头地位，在前期混改成功基础上，双方确认实施"产业经营+资本运营"的双轮驱动，推进德泰港华上市；在农贸物流领域，与中铁铁龙冷链发展公司合资成立大连德泰铁龙现代农产品交易公司，控股51%；与杭州热联成立合资公司杭州合泰供应链公司，进军建材等大宗商品贸易市场；等等。在混改中，德泰控股通过引入战略伙伴，用足政策红利，稳妥推进混改，充分释放了改革动能，在混改数量的可观性、模式的多元性、市场化业务的风险可控性、集团的市场成长性、国有资产保值增值性等方面都取得了良好效果。

六是强化协同获取跨业态组团综合收益。

许多大型企业集团的实践及研究表明：业态或产业协同能够促进集团内各产业间的业务有效链接，激活内部市场化，节省交易成本，同时促进不同业态单位市场渠道、（采购）供应链、信息要素之间的共享，激发业务单位之间的创新，从而提升集团的经营效率和产业竞争力[1]。在德泰控股的调研中，集团内部各业态的组团和对集团内外部的竞合协同发展令人印象深刻。德泰控股强化业态协同发展的机制探索非常多，且富有成效。

---

[1] 参见：姜帆,阚兴,刘海峡等.企业集团基于多元产业重组的业务协同体系.国企管理,2021,16:58-65；郭纹廷,王文峰.论企业集团产业协同的发展逻辑,宝鸡文理学院学报（社会科学版）,2015,35（6）：93-97.

第一，基于效率需求的跨业态组团协同。德泰控股划分了6大经营板块，每个板块都有很多无关或弱相关产业，德泰控股作为政府城建发展的左右手，很难避免"无关多元"的业务扩展，但德泰控股业态组团的创新价值在于，它是围绕服务"城市生活""城市发展"和"产业园区生态"进行的多产业协同组团，其服务对象为城市、百姓、园区企业，客户对象对不同业态而言具有总体一致性，需求有差异但具有顺序接续或相互配合性，例如城市的生活要运转，水、电、气、油、市政运维、交通，这些都是每个城市和市民的刚需，且有需求接续特征（家庭工作生活特点决定）。这些服务无论哪一个效率低、问题多，城市生活及百姓生活的品质、效率都要受到影响，德泰在集团内让这些不同业态公司进行组团，围绕"城市生活生态、园区运行生态"打通业态之间的联系，进行跨业态的生态组团，有利于集合需求、共享信息、共享资源、降低成本、提升运行效率、促进服务创新，从而提升综合经营效益。

第二，搭建跨业态项目化团队，强化考核激励。德泰控股设置"业务协同突破年"作为集团战略经营主基调之一，建立"业务协同突击队"项目化机制，整合子公司及总部部门、外部专家力量，促进"内外协同、上下协同、左右协同"，快速集结外部、总部、专业公司资源，对重点跨业态的业务进行突破，提升协同效率；通过"周研讨、月报告、季调度、年激励"方式促进高效协同，确保集中优势"兵力"快速响应、及时纠偏、分解突破、做深做实。

第三，发挥数字化协同信息平台作用。德泰控股的数字化建设强调系统协同，理顺企业工作流程，使不同业态企业各类信息化做到"书同文、车同轨"。德泰控股协同平台自2021年上线，线上流程共376条，业务流程线上化率达到95%以上，转化形成了105条审批流程，打通全集团各业态线上业务办理通道，财务共享中心形成对不同业态进行"战略财务"支持的态势，数字化协同信息平台的建立大大提升了控股集团各业态的协同经营与管理的效能。

结语

城投公司或平台是地方政府推进城市建设与城市产业发展的投资推手，是符合中国国情、具有中国经济特色的行业，为我国的城市化、城市经济崛起和城市竞争力提升做出了重要的贡献，有"城投起、城市兴"之说。然而，随着我国的城镇化高速增长期的落潮，国家产业经济的转型与债务融资治理新政出台，特别是近年来一系列事关城投生存与发展相关政策的密集出台，国内数万家城投公司都面临着兴盛存废的战略转型和构建新时代城投公司核心竞争力的挑战与课题。

德泰控股发挥聚势变革的企业家精神，经过多年的变革与转型探索，逐渐形成激活全员组织活力、塑造业态组团协同的高质量成长模式，集团业绩连续 5 年保持两位数的增长，成为城投类公司转型与高质量发展的参考"样板"。德泰控股的变革转型与高质量发展可资同类公司借鉴的主要经验与做法包括：

第一，打造变革型领导与组织文化，引领转型与高质量发展。

面临新时期的新形势，德泰控股高层确立领导层自身要有"脱胎换骨、敢打敢拼"的责任担当、实干精神、改革魄力，以此作为新时代地方城投企业家精神与领导力的基本特质，搭建与塑造变革型领导班子与团队。德泰控股的转型与高质量发展的成功首要在于变革型领导团队成功搭建和领导风格的快速成型，并把文化建设作为推动变革的核心抓手之一。"贴身"、落地、有效、可持续的文化建设，是德泰控股成功变革与高质量发展的显著特色。

第二，以系统性组织变革为基础，激活全员激发要素竞争力。

人的活力是组织活力的根本，组织活力是企业成长与竞争力的根本。德泰控股正是抓住了这两个根本，为其高质量发展奠定了基础。德泰控股按照"激活—重塑—对标—突破—协同"的整体改革路径，从人与组织方面、配套的体制机制方面实施了组织体系再造、干部人才制度创新、薪酬激励体系变革、全员学习创新等组织变革，推动德泰控股从行政机关式的传统国企向市场化竞争式的现代国企转向，激活人与组织，激发经营要素的市场活性。

第三，重述使命愿景构建新质生产力，实施"心轴圈"业态组团协同发展战略。

德泰控股认为在当前和未来国家与城市发展大势下，必须要重塑城投公司的定位与使命，整合现有优势资源，超前布局新业态、新模式、新商业生态，形成新质生产力，才能使德泰控股找到可持续的产业成长动能。通过对公司、城市、产业发展的历史、现实、未来的分析，德泰控股重述了集团的使命和愿景：以"服务新生活、创造新价值"的使命和领先的城市服务商及园区运营商为愿景，把"改革驱动、创新驱动、人才驱动、文化驱动"作为战略发展的"驱动轴"，在此战略轴心指引下，按照"城市生活、产业价值创新"的实践场景——与使命对应，打破产业边界进行"圈块"生态组团，形成"三圈六板块"业态组团架构，为各板块公司业态创新获取"第二增长曲线"赋能或创造机会，形成相互支持的一体发展的格局，让资源发挥最大效能。

德泰控股的转型与高质量发展取得了阶段性成效，未来的发展还有许多进一步提升与大胆创新的空间。

在企业文化方面，德泰控股企业文化建设取得阶段性成效，并不意味着"安怡无忧、一切都好"，集团在经营哲学或理念塑造、组织文化贯彻的"最后一公里""和而不同"的子公司文化建设、德泰文化的"品牌化"和品牌价值创建等方面还有许多进步的空间。

在业态整优与新质生产力方面，德泰控股确立了清晰的"心轴圈"的业态组团发展战略，并收获了连续几年的高增长，但增长的重心与保证仍然倚重能源环保和城市服务，引入和构建的新业态增长力、业态组团协同的战略能力这两个产业"新动能"发力尚处于初始阶段。集团还需要在战略资源整合、信用能级提升与融资结构优化、产业升级与商业模式创新、战略性产品创新与增长力、品牌能力构建等方面聚力创业创新，形成新支柱、开辟新领域、培育新动能、塑造新优势，促进集团抢占制高点，实现跨越式发展。

专家洞察

近 5 年，德泰控股在国内城投企业普遍面临行业转型与发展困境的情势下，率先破局成功转型，并实现营收年均 20% 以上增长，集团位列全国城投企业的前 1%，成为东北地区城投行业的头部企业，被誉为大连"国企改革和创新发展的标杆"。其主要的成长逻辑可以归纳为：以企业家的变革型领导＋系统性组织激活撬动德泰控股的产城业态协同创新，打造了跨业态组团成长价值链。

一是新时代企业家的变革型领导。领导班子采用"愿景引领、目标导向、系统思考、破立结合、以上率下、激情感召、领导追随"的变革型领导风格，凝聚形成变革型领导力，激发集团及子公司的高管和人才聚力创业、创新的企业家精神，推行"改革破局"年度行动，推进产业数字化，从而加速推动了集团组织变革和"二次创业"。

二是系统性组织激活。体制紧固、组织刚性、惯性思维、行动惰性、X效率一直是国企组织变革与创新的难点堵点，德泰控股在获得改革政策支持与形成变革型领导氛围后，集团确立"激活—重塑—对标—突破—协同"的系统性组织变革路径。"激活德泰从激活人开始"，通过薪酬市场化改革、人才智引聚合、业务市场变革、企业精神重塑等实现组织激活与重塑；"开展业务对标突破与协同"，引入战略伙伴成立21家混改企业，并通过三会一层、数字化共享等5大机制促进业务经营的自主化协同。通过人—组织—制度体系—业务的系统化组织变革激活了德泰控股的竞争活性，5年来公司净利润翻了两番以上。

三是产城跨业态组团协同成长。集团适应数字化时代平台共生发展趋势，将公司已有的复杂业态如科技金融、园区运营、能源环保等众多产业门类，按照用户生态、价值（贡献）组合、产权治理结构、平台生态层级进行跨业态组团，形成用户需求牵引、效率价值优先、产城协同聚焦、数字要素引领、激励模式创新、绩效导向考核、市场优选竞退的协同竞合发展模式，由此形成健康、良性、充满活力的集团成长模式。

作者简介

乐国林 **中国管理模式 50 人 + 论坛成员**
青岛理工大学图书馆馆长、教授

任　兵 **中国管理模式 50 人 + 论坛成员**
南开大学商学院教授、博导

第三章

立白：全面数字化转型升级 ^①

引言

根植于潮汕地域的立白科技集团（以下简称立白）是一家本土日化领军企业。三十年来，基于"立信、立责、立质、立真、立先"的价值观精神和"一家亲"文化体系，立白打造了一支忠诚度极高的专销商队伍。2015 年，为保持可持续竞争优势，立白以营销端为抓手率先打响日化行业"数字化转型"的第一枪。在"1+2"数字化转型战略的指引下，立白通过构建覆盖营销全链路的数字化平台，打造数据循环通路并深度赋能 900 多家专销商和 80 多万家零售网点，并在供应链端和集团内部开展数字化建设，取得一系列卓著的数字化成绩。2021 年，立白发布"日化智云"产业互联网平台，整合行业优势资源，赋能日化产业生态圈，塑造第二价值增长曲线，真正实现从传统日化到科技集团的蜕变。

"创一代"筚路蓝缕展宏图

日化行业是满足人民美好生活需要的主力军，也是响应国家"推动轻工业高质量发展"政策的关键力量。随着时代的变迁，日化行业从

---

① 由于企业保密的要求，在本案例中对有关名称、数据等做了必要的掩饰性处理。

传统手工生产到规模化工业生产再到现代科技创新，逐渐向更加绿色、智能、个性化的时代发展。后疫情时代人们对高性价比产品的需求，多功能且具有针对性的新兴产品，驱动着市场规模的持续增长。2023年中国日化行业市场年增长率保持在8%以上[①]。作为中国日化行业的领军企业，立白凭借洗衣粉、洗衣液、洗洁精等王牌产品，持续保持着市场份额的领先地位，作为衣物洗护行业唯一的品牌荣获中国品牌日网发起的"我喜爱的中国品牌"等奖项，跻身中国民营企业500强，向社会贡献高质量发展的立白力量。

"立信、立责、立质、立真、立先"的价值观精神是立白在红海竞争中脱颖而出成为头部企业的关键。而立白的企业家精神又离不开潮汕地域的经商文化。20世纪90年代，来自潮汕普宁的创始人陈凯旋意外发现一袋从广州进货的洗衣粉在普宁销售可以净赚1毛钱。凭借潮汕商人"拼搏进取、吃苦耐劳"的精神，陈凯旋经过几年的摸爬滚打，逐渐摸清潮汕等地的洗衣粉市场情况。

1994年，陈凯旋和陈凯臣兄弟俩以3000元的启动资金在广州创立广州市立白洗涤用品有限公司。彼时，宝洁的大中华总部，以及本土最大的洗衣粉企业浪奇都对广州这块洗涤企业"必争之地"摩拳擦掌，市场竞争进入白热化阶段。不服输且善变通的陈凯旋积极寻找破局的策略，先采用贴牌生产的方式使立白在困境中存活，后提出"农村包围城市"的策略向品牌巨头忽视的农村市场发起主攻。他亲自带领员工逐个县开展营销活动并表示："我们支持当地经销商可以先卖货，卖得好再来拿货、付费，卖不好也没关系，就当交个朋友。"很快大量经销商纷纷加

---

① 2023年日化市场规模分析：日化市场年增长率持续保持8%以上，https://www.chinabgao.com/info/1245637.html.

入立白的销售网络。为了避免内部竞争和价格战，陈凯旋以潮汕商圈为核心打造了一支国内罕见的专销商队伍——专营立白产品、销售范围仅限所处县城、受立白的指导和监督。这支队伍使立白在乡镇和县城站稳了脚跟，并以破竹之势挺进中心城市，仅用 3 年时间就取得了广东省洗涤用品销量第一的成绩，陈凯旋感慨道："立白的发展离不开每一个专销商家人。"

随着立白的规模增长，坚持长期主义的陈凯旋意识到企业可持续发展的关键在于产品品质。对此，他大力投入生产端的技术改进和产品研发，并提出了"世界名牌，百年立白"的企业愿景，以及"健康幸福每一家"的企业使命，书写着中国民族品牌发展的壮丽史诗。

"创二代"砥砺前行启转型

2010 年，"创二代"陈泽滨加入立白，从品牌中心的实习生开始基层历练。此后，他先后出任品牌经理、品牌管理中心副 / 总经理以及营销中心总经理。随着对集团业务的熟悉，陈泽滨愈发清晰地认识到专销商队伍是立白发展的核心竞争力。多年来，基于"五立"价值观和"一家亲"文化理念体系，立白与专销商队伍构建了事业、利益和命运共同体。时任立白集团 CIO（首席信息官）举例："这不是一句口号，专销商的孩子会来立白实习，我们对于他们的培养体现在各方面，甚至还会有专销商军训。他们哪个家里人生病了、离婚了、孩子升学了，我们都是要介入的，大家并不是纯粹的生意关系。"独特的专销商制度帮助立白积累了庞大的线下通路资产，这些资源被视为公司的重要财富。经过近 30 年的发展和积累，立白的销售渠道网络已经涵盖了 900 余家专销商、1 万余名专销商业务员、3.5 万余名导购员以及 80 万家零售门店。

随着互联网的飞速崛起，深度线下分销模式受到严重冲击，曾经令立白引以为傲的专销商网络，如今却因为高度封闭且稳定的体系成为发展"累赘"。具体来说，首先，面对竞争白热化的洗涤用品市场环境和个性化、多样化的消费者需求，只有深耕以消费者需求为中心的品牌建设和产品创新，才能"守住江山"。然而，立白距离消费者过远，横亘在其中的专销商队伍与零售网点只将消费者看作交易对象而非消费伙伴，并没有留存消费者的数据（第一类数据），自然也就失去了追踪和洞察消费者的能力，更遑论支持立白的产品创新，限制了立白的规模发展。董事长秘书感叹："从日化用品的属性来说，大家都是'一手交钱，一手交货'，没什么长期联系。"并且一直以来，立白只能粗浅地了解"一帮卖"（立白向专销商）环节的基础数据，难以获取"二帮卖"（专销商向零售网点）的库存数据（第二类数据）和"三帮卖"（零售网点向消费者）的门店数据（第三类数据），需要依赖专销商和业务员的主动上报。

其次，专销商队伍的经营模式过于落后，无法适应互联网时代的发展要求。集团销售负责人坦言："相比而言，日化行业的经销商[①] 其实是管理能力、治理能力比较低的一类群体。"具体来说，在订货采买方面，立白会根据产品政策与专销商的经营状况和客情关系，要求专销商"压"一定数量的货物。随着立白产品品类的增多，压货模式令专销商怨声载道。并且，立白仍采用的是传统订货会的方式，过度依赖经验，缺乏数据支持，导致订货量与实际需求时常不符。数字营销部总经理补充说："原先专销商每个季度订货，我们找一个酒店，把附近的专销商叫在一

---

① 专销商是代理商的一种，只代理某一家品牌商的产品。

起，请大家吃饭。然后开会介绍我们本季度的新品，大家在纸上填报。"在销售出货方面，专销商也照抄上游策略，向零售门店压货。当遇到销售淡季时，整个链条集体遇冷，销售疲软，会导致大量库存积压。而在专销商内部，通常是一帮人负责订货采买与销售出货，这导致追求利益最大化的专销商将过多精力投入分销业务，忽视了动销的重要性。他补充："动销是渠道的'根'。东西卖到门店网络之后有没有按照相应的要求去陈列、堆投、设计物料，还有门店销售人员的话术编码，这些都是竞争胜过别人的基础，都需要派人去盘查。"

再次，尽管互联网已严重威胁到专销商队伍的长远发展，仍有一部分专销商缺乏危机感与长远眼光，过于满足现状。集团战略负责人感叹："他们（专销商）好日子过惯了，想什么事都比较容易，有些故步自封。"另外一大部分专销商意识到互联网带来的冲击，却"有心无力"，缺乏全局性的战略眼光和高度，正如销售经营管理部负责人所言："你不能指望一个县级、一个地级市的专销商说我知道了未来我的出路是什么。"这部分专销商同时也缺乏相应的数字化能力，该负责人坦言："我们的专销商是工作几十年的老业务员，让他高效利用数据化系统对他们来说是很难的。"

洞察到上述问题后，陈泽滨在研判趋势的基础上构思出数字化的雏形。2015年，立白正式提出了数字化转型的思路，成为中国最早一批"吃螃蟹"做数字化转型的传统实体企业。当时，营销端推行的是由专销商付费的"管家婆"等信息系统，用于收集不同环节的信息，"管家婆"针对的是专销商与零售网点之间的环节。但由于系统过于零散且由人工录入，造成了严重的信息孤岛。数智中心总经理回忆："系统用了一段时间，我们发现数据准确性不高，并且信息孤岛严重，最多的时候大概有 80 多个互不连通的系统，投资太大。"为了最大限度发挥专销商团队的竞争力，解决三类数据获取的痛点，陈泽滨在外部专家的启发下提出了营销 3.0 计划——运用数字技术贯穿立白的"一帮卖""二帮卖"和"三帮卖"，实现营销端的全面转型。彼时，颠覆原先系统的大动作并不被大部分集团员工与专销商理解，甚至有专销商向创始人陈凯旋打电话"诉苦"。陈泽滨顶住压力，结合在营销中心的所见所闻向陈凯旋及集团相关同事深入浅出地分析数字化的必要性和迫切性："数字化是未来，现在不做绝对没有未来，必须要有危机感，留给我们的时间也就3~5 年。"最终得到了创始人陈凯旋的认可和支持。

2017 年，立白正式以营销端为抓手推进数字化转型"1+2"战略（见图 3-1 和图 3-2），致力于成为一家"品牌引领、数字经营、富有创新、富有活力"的智慧服务型企业。

图 3-1　立白"1+2"战略

图片来源：企业提供。

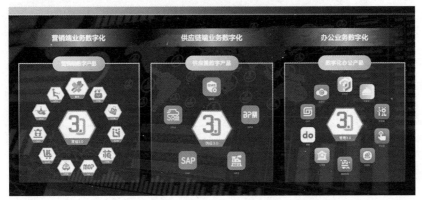

图 3-2　立白"业务数字化"

图片来源：企业提供。

营销3.0：用数字技术重织渠道网络

（一）打造全场景数字化平台

立白秉承"务实"的转型原则，坚持业务在先的转型路径，保持转型方向与企业战略步调一致。在这一原则的指导下，立白的数字营销部对渠道业务进行了系统分析，发现只有构建能够覆盖和打通"一帮卖""二帮卖""三帮卖"业务全场景的数字化平台（见图3-3），实现营销全链路业务在线，才能解决数据难以获取等痛点，渠道效率才有可能取得质的飞跃。于是，立白围绕着专销商核心的通路资产，打造了立购台、立购星、立购盈等近10个相互关联的数字化工具，实现渠道全通路的业务在线、数据透明。

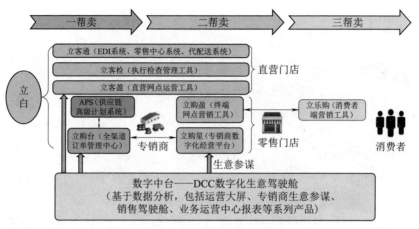

图 3-3　全场景数字化平台

　　具体来说，针对"一帮卖"，立白打造了立购台，支持立白与专销商之间的订货交易和管理、促销政策发布及政策往来等。该平台完全取代了传统的线下订货交易，同时为了让缺乏数字化经验的专销商也能顺利使用，立白在开发工具时秉承着以用户为中心的原则。数字营销部负责人提到："我们本着顾客导向的原则，根据其经营能力和水平近似智能地给它赋能，就是根据经营管理设计了很多数字化的工具，比如产品的促销库、分销检索系统，都是一键生成，避免专销商再输入。"

　　"二帮卖"是撬动专销商队伍能力的关键环节。立白着重打造了立购星和立购盈两种工具。前者是营销 3.0 运行的基础，其主要功能是帮助专销商管理和分析其运营数据，包括对基础进销存数据、订单信息、费用与钱款明细、销售趋势等信息的展示和查询等。"这些数据在数字化之前都是没有的，我们不仅帮助专销商做可视化，还辅助他们精细化管理。"立购星颠覆了专销商粗放的纸质化管理模式，显著提升了其运营管理的透明度与颗粒度。专销商还可以根据立购星提供的标准功能进行数据分析，从而调整运营策略、制定营销策略、优化产品组合等。负责人进一步解释："立购星的数据分析精准到'4+1'方案，显示销量目标、产品月活目标、重点新品增量目标以及门店标准化目标等，呈现的内容都非常精准和人性化，比如每天目标是多少、目标和奖金的匹配等。"

立购盈小程序则是面向零售网点，支持专销商与零售网点之间的交易和营销管理，保证网点数据回流，最大限度地提升链路的透明度。专销商不仅可以利用立购星宣导促销，还可以根据收集的数据帮助网点实现立白产品经营的可视化分析，进而调整门店布局、优化营销策略等，实现对零售网点的赋能。销售经营管理部总监举例说："数据有很多用处。比如门店进多少货合适，门店里的产品怎么组合卖得更好，门店货架的设计是否合理，这条线路各个门店到底是怎么组合，哪些门店行，哪些门店不行，为什么一批新品进入几家门店，有些门店做得好……帮助门店更好地精细化管理。"除此之外，立白还打造了面向直营网点的立客盈、立客通、立客检等工具。

针对"三帮卖"，立白为C端营销打造了立乐购，网点与消费者可以通过立乐购商城建立数字化的深度链接，进而对消费者数据与行为进行采集和留存，构建数据循环通路。上述数字化工具之间相互连通，保证数据实时流转。例如，专销商在立购台中的订单交易数据与立购星中的进销存数据相互关联，确保数据真实有效。

此外，立白还建立了数据中台等数字基础设施，对全链路所收集的数据进行价值挖掘和深度分析，并打造了集团运营大屏、专销商生意参谋等数据应用工具，与立购星、立购盈等相互协同，便于不同角色快速获取基于数据分析的商业洞见，开展数据驱动的运营决策。其中，生意参谋嵌入在立购星中，通过 15 个维度、95 个指标，帮助专销商全面掌握生意健康度，加强立白对其的数字化赋能与管控。数据中台开发负责人介绍："生意参谋都是动态调整的，包括怎么制定月度方案，怎么做过程管理，做一些汇总分析、可视化的模型。"

（二）推拉结合助转型

在打造数字化工具的同时，陈泽滨为了打破专销商对数字化转型的固有印象，采取了"推拉结合"的四类管理举措，助力全场景数字化平台真正落地。

1. 统一认知

数字营销部通过组织各类会议，向专销商集中传达立白的数字化转型理念和目标等，促进专销商与立白形成共识。销售经营管理部总监表示："专销商老板的认知改变是立白赋能专销商过程中最大的难点之一，因为每个专销商的经历背景、认知都不一样。"统一认知的举措包括两个方面：一方面，立白通过定期举行销售大会、专销商大会等大型会议，由董事长直接传达集团价值目标，明确"数字化转型是多方参与、谋求共赢"，以实现统一思想和目标，形成"拉力"；另一方面，立白在日常经营活动中强化专销商对数字化的理解和认识，形成"推力"。陈泽滨借鉴中国共产党的党建先进经验，将全国范围的专销商按省区、片区层级划分，形成 168 个片区，规定每两个月必须举行两次会议。他解释："其中一次是线上会议，另一次是线下会议，线下会议必须在每月上旬完成。除了新疆、内蒙古和东北地区采用线上方式外，其他地区必须亲自参加线下会议。"这些会议的议题包括大量的数字化运营、先进经验分享及反思总结。每次会议都是由专销商和集团的销售人员共同参与，多方在共同商讨中谋求数字化解决方案。

2. 开展试点

数字营销部积极打造成功的专销商数字化转型"试验田"，让转型价值具象化，强化专销商对转型价值的理解，形成"拉力"。数字营销部总经理提到了筛选试点的三大黄金标准：第一，专销商需思想开放，愿意接受新事物，自主参与意愿强；第二，运营基本健全，有一定运营基础，他提到至少"有中台、有财务、有文员"；第三，要选"硬骨头"，即有一定影响力但近几年经营表现不佳，以便更好地展示数字化转型的作用。很快，合肥肥西、湖南株洲、河北衡水等地涌现出一批成效卓著的专销商，"有的专销商实现从亏损到高增长、有的专销商减少了5/6的库存……我们都被震撼到了"。这些试点专销商被邀请到各类会议上进行分享，激发其他专销商的转型动力。

3. 实地培训

数字营销部及销售部门会对专销商的数字化运营工作进行实地指导，包括一同实地走店、参加晨会以及拜访客户，形成"拉力"。相较于过去走店时的喝茶聊天，有了数字化工具加持的销售人员可以利用数据帮助专销商做更加精细化的门店陈列、物料设计以及相关策略制定，形成更加紧密的客群关系。

4. 数据驱动

一方面，数字化营销部在设计专销商的考核制度时充分融入了数字化的管理思想，从绩效考核角度形成"推力"。数字营销部总经理解释："与专销商的合同不仅包括生意规模、品类丰富度，还关于数据质量、数据完整度等，直接影响到他们的实际收入。对于没有完成的，不仅会有通报，还会涉及金钱处罚。"另一方面，立白整合了内外部数据资源，让数据说服专销商。"我们从外部购买 POS 机数据，结合内部的数据，明确显示网点的产出有多少、门类有多少、立白的占比有多少，说服力很强。"

这四类"推力"和"拉力"结合的举措打消了专销商的抵制和排斥，覆盖营销通路全链路的数字化平台得以成功实施。

（三）营销 3.0 成果卓著

现如今，立白的营销端数字化转型已初具成效，成功赋能 900 多家专销商和 80 多万家零售网点的高效发展。以立购星为例，85% 专销商都已安装并应用，2023 年 9 月总用户活跃率 87%，客户系统整体满意度 97%，滞销 / 残次品平均减少 6.8 万元，文员录单时间平均减少 1.5 小时，财务对账时间平均减少 0.7 小时，业务员平均开单时间减少 6 分钟，业务员平均每月拜访门店数新增 3 家，降本增效效果显著。

表现优异的专销商更是实现了深度的数据驱动的日常运营，不仅将立购星嵌入晨会，还会基于其中的数据结果进行决策制定和绩效分配。销售经营管理部总监对此进行了详细说明："比如说现在推出了香氛洗衣液新品，数据显示有 150 家的门店可以上货，150 家门店可能并不是每个都适合香氛洗衣液，因为它价格比较高，而我们对门店有分类，假设其中有 130 家可以进入，（系统）就会提示专销商这条线路有多少家这样的门店需要铺货……老板把任务派给业务员，业务员去铺，铺完晚上回来就能拿奖金，因为有数据的实时反馈。"这种深度的数字化运营，使立白与专销商建立了更为深度的客群关系，将成为百年立白新的核心竞争力。

供应链 3.0：持续创新业务模式

随着营销端的数字化转型渐入佳境，2018 年，立白内部对供应链端的 3.0 建设也提上日程。最先部署数字化的是与营销 3.0 计划关系最为密切的仓储物流服务，之后，根据供应链业务之间的相互联动，相继开展了计划、生产、制造、质量和采购业务的数字化。转型之前，供应链的管理模式非常粗放且落后。随着业务规模的扩大和产品种类的增多，立白开始采用 ERP（企业资源计划）进行供应链管理。但 ERP 的核心思想是"财务管控"，难以为营销 3.0 提供有力的支持。

从 2018 年起，在陈泽滨的规划下，立白的供应链部门围绕着 ERP 部署了 SRM（供应协同系统）、APS（供应链高级计划系统）、DMS（预测管理系统）、MES（工厂执行系统）等"一揽子"相互关联的信息系统，打造了智能一体化数字供应链系统平台。例如，针对"一帮卖"订单履约环节，立白专门打造了立购台，作为支撑集团全渠道订单履约与专销商客户服务的统一平台。在立购台中，首先按优先级为各渠道记录并分配相应数目的库存，剩余的库存则被记录为共享库存，供消耗完分配库存的渠道使用。并且，立购台与 APS 和 ERP 相互联通，保证交易和物流数据的无缝传递。

综上，通过搭建数字化供应链系统平台，立白打造了消费者需求拉动的敏捷供应链，并从服务提效、成本控制、质量保障三方面赋能业务。例如，生产和物流成本节约 3%~5%，生产订单执行率和供应商送货及时率都达到 98% 以上，零重大质量事故和危机等。

管理 3.0：全方位组织变革

立白在集团内部同样开展了"管理 3.0"数字化建设。2019 年，立白基于钉钉底座定制化地开发了内部办公平台——嘟嘟，可实现在线考勤打卡、预定会议室、流程审批等，供内部员工处理各种业务。为了体现立白的"一家亲"文化，嘟嘟同样也面向渠道及生态合作伙伴，支持跨组织任务协同管理。疫情期间，嘟嘟为立白与专销商团队举办全国销售周例会、品牌活动讨论、项目培训等提供了在线沟通的平台。数字中台开发负责人解释："疫情时一天有 500~1000 场视频会议，当时的培训直播也有十多场，业务的沟通都是通过嘟嘟来做。"目前重点客户销售在线 1300 多人，专销商老板在线 1100 多人，零售门店导购与督导在线 21000 多人，承运商司机在线 22000 多人。

同时，立白打造了前中后台构成的平台型组织。前台包括与营销 3.0 计划最为密切的"铁三角"——品牌事业部、渠道市场部和销售总公司。中台包括中台计划部、财务部以及发挥重要作用的数字营销部，其前身是营销 3.0 推广指挥部，职责一是为前台提供数字化经营分析和决策的平台赋能，二是基于立购星、立购盈等系统为专销商队伍提供经营管理方面的数字化赋能。后台则包括生产、物流、法务等职能支持部门。随着业务的开展，组织架构也在持续地改进中。例如，经营管理部总监提到"人力资源经营管理部从后台调到中台"，这是因为"人力资源的供给和培养、绩效激励政策的配套，都要进一步地贴近一线"。

针对"人的转型"，一方面，立白调整了相关的考核与评比制度。对于管理层而言，他们不仅肩负着传统业务的 KPI（关键绩效指标），还肩负着数字化变革的项目 KPI。对于前台的一线员工而言，他们则与专销商团队共同承担数字化营销与经营管理的考核指标。此外，所有员工的绩效考核模型都加入了数据应用管理等方面的能力要求。

另一方面，立白从数字化转型战略出发，建立完善的人才培养体系。

例如，立白在内部成立了立白研习院，由董事长陈泽滨亲任校长、总裁陈展雄担任副校长，每年不定期开展各种具有立白特色的王牌人才培养项目，在数字化应用能力提升培训方面，主要依托集团数字化建设成果，聚焦数字化工具应用、数据使用，推动实现从"建设系统"到"使用系统"，从"能看数据"到"能用数据"的转变，全面提升集团相关岗位人员数字化应用能力。依托"立学堂"线上平台，实现培训在线化。立白研习院首席教授举例："我们招人时就会去评估其数字化思维的能力，进来之后，首先是培训怎么用好数字化系统、做数字化服务。"立白内部的数字化变革可谓"全员数字化"。例如，2023 年 7 月，立白创新地在集团内部开展了"第一届数据分析可视化大赛"，几乎全员参与，成果显著。

生态赋能：打造产业互联网平台

得益于"营销 3.0""供应链 3.0""管理 3.0"的数字化升级改造，立白的数字化转型已取得阶段性成功。但其脚步远不止于此，总裁陈展雄坦言："立白的价值不仅是集团自身的价值，更要辐射到产业生态圈，充分发挥自身行业影响力。"

近些年，国务院和各地政府密集出台了产业互联网、链长制等相关政策。为积极响应政府号召，展现集团的使命担当，立白提出产业互联网平台的设想。数智中心总经理解释立白的初心："立白本身有一些大中采购的资源以及营销通路数字化的先进实践，在响应倡导的基础上，打造一个产业互联网平台，把数字化好的经验几乎免费地提供给上下游企业。"然而，设想虽好，但当时市面上的产品并未出现服务于日化行业的平台原型，立白面对着一片未知。

作为"探路者"，立白于 2021 年成立了广州鲲元生活科技有限公司

（以下简称鲲元）作为独立核算子公司。鲲元既保持了初创企业的活力，又得到了立白的深度赋能。一方面，立白从内部抽调 IT（信息技术）人才组成鲲元创业团队的骨干班底，并帮助鲲元完成前期的人才培养。另一方面，立白将过往优秀的数字化解决方案封装为产品，帮助其形成初期的服务基础。同时，立白在制度层面对集团与鲲元的权责进行清晰划分，为常态化人才和产品赋能提供保障。经营管理部负责人谈道："财务、人力、经管、信息、物流、采购、质量，这几个业务对旗下企业是核心支持。我们明确了这些部门对这些旗下企业的管控职责和定位。"在鲲元成立初期，立白负责了大部分的前期项目实验，实现产品交付后再交由鲲元应对客户需求迭代创新。

依托鲲元，2023 年立白整合行业优势资源发布了日化智云平台（见图 3-4）。该平台基于数字化、智能化技术打通了产业链上下游的信息和资源壁垒，通过串联原料商、品牌商、加工厂、渠道商等多方企业，提供新品智造、采购交易、数字化解决方案、营销代运营和供应链金融五大核心服务，开放共享大日化行业的研产供销一体化服务能力。举例来说，在采购方面，日化智云提供洗衣液、洗衣粉、洗洁精等日化产品原料的采购交易服务，帮助客户降低采购成本，提高采购效率。日化智云平台负责人解释说："大家一起搭着立白这个车形成一个大中规模的采购轮轴，提高向上游供应商议价的能力，第一年达成了十几亿元的成交量。"在生产方面，立白整合自身成熟的配方库与大日化行业中创业性质的、与立白主基调不匹配的客户配方，形成一个"配方池"，并为客户提供代加工和配方设计等服务，帮助企业实现从原材料采购到产品生产的全流程把控。负责人直言道："立白自己全国有八大生产基地，也有一些富余的产能。我们自己也会找别人代工，经过立白认证代工的 ODM（原始设计制造商）、OEM（原始设备制造商）跟立白工厂一起全部开放产能。立白自己的一些产研报告，买了第三方数据或者授权都会放上去，让大家很快地把业绩做起来。"

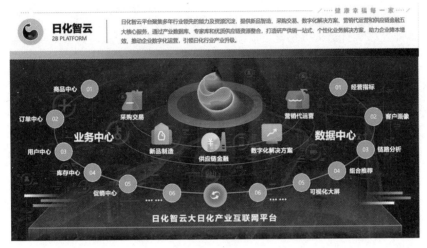

图3-4　日化智云平台

图片来源：企业提供。

日化智云不仅将立白的优势闲置资源灵活配置给生态伙伴，也重塑了自身发展的第二价值增长曲线。目前，日化智云已连接行业上下游商家与客户近1200家，实现产业链从链式连接升级为网状式高效协同赋能的大日化生态圈，引领日化产业的转型升级。

尾声

回首立白30年的成长之路，从一个默默无闻的小公司，逐步发展成为中国民族日化的领军企业，再转型成为引领日化行业转型升级的科技集团。其中,"创一代"务实、长远的战略眼光,"创二代"革故鼎新、与时俱进的创新才能,以及立白全体员工和专销商队伍的"一家亲"文化,都发挥了关键的作用。随着数字化转型进入"深水区",面对复杂多变的外部环境,立白如何利用数智化技术精准洞察并满足消费者需求,如何布局和优化供应链转型发展,如何全面地开展组织变革,如何加快产业互联、打造大日化全价值链生态圈……这些都对立白的未来发展提出了挑战。

专家洞察

立白科技集团是中国民族日化领军企业。数字经济时代,立白以"1+2"数字化转型战略为指引,致力于成为一家"品牌引领、数字经营、富有创新、富有活力"的智慧服务型企业,并协同产业生态共同高质量发展,实现产业升级。

企业家精神:"立"

根植于潮汕地域务实的营商文化,受家国情怀的牵引,立白的企业家精神体现在五个"立":立信、立责、立质、立真、立先。

立白成立初期,饱受本土品牌价格战和外资企业的围剿战折磨,董事长陈凯旋带领"创一代"用"五立"精神突出重围,向着"世界名牌,百年立白"的愿景,写下中国民族品牌的壮丽发展史。

2017年,陈泽滨、陈展雄等"创二代"深受"五立"精神的感召,主动跳出舒适圈,提出"1+2"数字化转型战略,率先走上数字化的道路。尽管期间不断受到内外部的质疑和挑战,立白依然在该精神的指引下,取得突破性成果,实现高质量发展,成为行业内外关注和学习的焦点，形成强差异化竞争优势。

高质量发展：推进深度数字化转型

30年来，在"五立"精神的影响下，立白打造了一支行业内少见的、忠诚度极高的专销商队伍。为了提升专销商渠道的竞争力，立白以营销端为切入口推进数字化转型。

面对营销渠道低效、上下游信息和资源不对称等渠道痛点，立白推出了立购台、立购星、生意参谋等营销3.0数字工具。一方面，这些工具全面地覆盖了"品牌商—专销商—零售商"链路中的交易、物流和营销业务，专销商只需利用立白提供的工具就能实现上下游一体化运营，立白也能够实时掌握渠道中的数据，打破信息不对称的壁垒。另一方面，这些工具帮助立白为专销商进行数字化赋能。例如，生意参谋通过15个维度、95个指标，反映了专销商的生意健康程度，帮助专销商提升经营能力。立白还通过成立省区联营公司的形式，与数字工具相辅相成，帮助专销商提升对社区团购、直播等数字化渠道的经营能力。在立白的数字化赋能下，专销商逐渐转型成为品牌服务商——通过向零售终端门店提供数字化服务以实现价值创造。有了立白提供的数字工具和专销商的点对点服务，零售门店能够及时、精准地洞察和满足消费者需求，并将消费者数据反馈给立白，构建数据循环通路。目前，立白已成功赋能1000多家品牌服务商和80多万家零售终端门店的高效发展。

另外，立白在供应链端也有所突破，通过搭建智能一体化的数字化供应链系统平台，打造消费者需求驱动的敏捷供应链。立白还在集团内部打造了企业数字化工作平台嘟嘟，实现办公业务数字化，在线人数超7万人。综上，数字化的"加持"为立白的发展缔造了新的动力源泉。

打造产业互联网、赋能日化产业生态圈

2021 年，为加速 "1+2" 战略的落地，突破产业价值链长、资源不对称的经营困境，立白整合行业优势资源发布了 "日化智云" 平台，重塑立白的第二价值增长曲线。通过对产业价值链上、中、下游各环节进行信息共享、供需匹配、高效交易的经营赋能，提供研、产、供、销一体化的数智化服务，现已连接行业上下游商家与客户近 1200 家。

综上，立白在 "1+2" 数字化转型过程中形成的创新型管理模式，充分展现了 "五立" 的企业家精神推动立白及日化产业生态高质量发展的内涵，是值得深入研究的杰出典范。

作者简介

毛基业 中国管理模式 50 人 + 论坛成员
中国人民大学商学院原院长、教授

冀宣齐 中国人民大学商学院博士生

第四章

恒丰纸业：基于订单驱动的价值管控体系研究

引言

在市场经济全面发展的背景下，我国制造业正面临要素资源日益趋紧，低成本优势发生转变，劳动力、资源、原材料要素成本均呈上升趋势等问题，制造优势逐步消失，竞争逐渐成为制造业的主流因素，企业只有在社会竞争中屹立不倒才能求得生存与发展。

企业为了提高经济效益，必须努力提高产能利用率和产品质量，降低产品成本，及时获取企业内外部信息，制定最佳方案，并做出科学决策。企业竞争最为直接的表现形式是产品之间的竞争，客户对产品质量和交付能力的要求日益提高，产品只有满足市场需求和企业管理要求才能顺利销售，因此要做到产品订单向效益较好的品种转移，聚焦边际贡献分析，准确掌握各种产品的盈利能力，为决策者制定经营决策提供有力依据，从而更好地经营管理企业，订单边际利润因素尤为重要。基于数字化平台建设的个性化订单价值单元边际利润管控应用，成为企业管理会计创造价值的重要方法，是推动企业改善产品结构、提升产品效益的重要工具，是促进业财融合的有效方法，在企业管理中作为一种精益管理的思想发挥着重要的作用。

个性化订单价值管控体系建设背景与问题分析

（一）建设背景

牡丹江恒丰纸业股份有限公司（以下简称恒丰纸业）始建于1952年，目前是国内卷烟配套用纸研制与开发的领军型企业。卷烟纸行业具有极强的独特性，每个烟草品牌的卷烟纸都有自身的特点，需要根据不同的配方来满足每款烟的燃烧特性，因而恒丰纸业的每个订单都是一款个性化的产品。针对客户订制化的产品服务，恒丰纸业将精细化财务管理的理念渗透到订单价值管理的过程中，进一步推动财务管理优化方案的落地，为制造企业夯实核算基础、细化管控颗粒度、提高数据决策支持力提供了方向，在实际操作方面提供具体的实施路径和控制方法，为企业如何实现可持续性发展的战略目标提供了借鉴。

（二）存在的问题

1. 数据标准不统一

随着业务的发展，恒丰纸业逐步建设了包括 ERP、MES、移动办公系统、条码系统、考勤系统、BI（商业智能）系统等业务系统。但由于这些系统都是解决垂直领域的业务问题，导致客户信息、人员信息、产品信息、生产信息等核心数据分布在各个同构或异构系统中，且各系统之间相互集成交互，缺乏统一的、完整的、准确的、实时的、最具权威的企业级数据管理。各系统之间未完全形成业务闭环，数据孤立不能互通，数据统计不一致，数据不能共享；部分系统之间的串联是通过点对点的方式进行，已经开始形成网状串联，管理比较分散，系统接口稳定性不足，再加上耦合带来的升级困惑及问题，使接口无法复用，接口大量暴露，数据安全问题也开始凸显。

主要表现为两点：其一，主数据标准化体系待完善，业务精细化管理困难。不同的业务系统根据实际的业务需求，在不同的时间段逐步建设。一物多码、一码多物、主数据管理不规范等问题，导致因数据管理不统一，业务难以实现精细化管理。其二，存在多套业务系统、数据异构不同源，数据集成难。不同的业务系统管理组织、管理数据的维度、管理数据的方式存在差异。存在多套业务系统，数据异构不同源，业务流程之间断点，无标准的集成接口和规范，导致集成开发工作量大、成本高、数据集成难。由于数据标准不统一，数据在不同系统中以各自的标准存在，导致数据不能及时共享。

2.数据共享效率低

由于历史和技术发展原因，恒丰纸业现有的 IT 系统缺乏统一的标准和规范，因此形成了"数据孤岛、应用孤岛、硬件孤岛"三大孤岛，且架构陈旧，性能很难满足企业业务发展需求。主要表现在以下 5 个方面：

（1）业务繁杂，数据激增。恒丰纸业的业务系统承载的数据业务包含门户、OA（办公自动化）、企业资源公共管理系统、企业资源公共服务系统等。业务项目多而繁杂，数据需求量急剧增加，而原有存储系统的可靠性和扩展能力均有限，无论是 IOPS（每秒输入/输出操作数），还是存储容量，均已不能满足现有业务的需求。

（2）业务上线缓慢。传统 IDC（互联网数据中心）难以支撑新业务应用的快速上线，并且会造成大量 IT 资源的浪费，给客户带来不必要的损失。数据表单字段多，难以快捷完成大量重复性数据录入；恒丰纸业的众多不同异构系统对同一数据会有不同维度内容的管理要求，难以快速提供数据服务；尤其是在特定业务高峰期需要批量导入数据时，快速落实审批流程就成为难题。

（3）经营体系管理复杂度高，沟通成本增加。恒丰纸业的经营体系管理复杂度高，多维兼顾且三条线逻辑复杂、定额维护量大；订单执行依靠人为数据对比进行沟通和管控，导致管控复杂度高，沟通成本增加。

（4）生产过程变更频繁，对采购备料无系统性指导。公司产品销量大，产能紧张，排产考虑生产、市场环境等因素多，导致临时插单、订单变更等情况时有发生，进而影响生产物料供应及时性、生产稳定性，致使成本提升。月销售计划、周计划未完全打通，月计划执行率无法有效提升。另外，企业的生产原料主要靠进口，三分之一产品销往国际市场，从原料采购到生产销售产业链条长，计划协同难度大。同时产业链信息不对称、不及时、不贯通等问题，导致产业链多方面成本上升。

（5）业财融合度低，财务管理整体重复性工作量大。入账规则需人工选择，支付维修费、出具对账单等依靠线下纸质单据流转；对每一笔销售订单的效益管控都缺少银企互联，无法自动收付款；合并报表未版本化管理；业务核算凭证自动化率低；财务管理整体重复性工作量大。

3. 绩效考核执行难度大

作为典型的制造业企业，恒丰纸业的生产过程具有高度的复杂性。企业的绩效目标与员工的薪资直接挂钩，但是由于缺乏绩效考核数据源，无法确定绩效考核指标，在绩效考核执行过程中难以形成共识。企业的人资管理体系不健全，薪酬、考勤系统分离，薪酬维护及核算方式烦琐；未与 HR 数字化体验同步，员工自助系统缺失。另外，企业的成本核算效率低，对销售订单的效益管控不足、对成本改善的指导性不够。成本核算人工干预较多，无法一次完成多级成本核算，工作效率低，成本核算对销售订单的效益管控不足、对成本改善的指导性不够。

个性化订单价值管控体系介绍

（一）个性化订单价值管控的本质

个性化订单价值管控是指企业在面对客户的不同需求和个性化订单时，通过一系列的管理和控制手段，确保订单的价值实现最大化，同时保证企业的经济效益和运营效率。具体来说，个性化订单价值管控涉及订单的接收、分析、设计、生产、交付以及售后服务的全过程。企业需要根据客户的具体需求，对订单进行深入分析，形成自动核算机制，明确订单的价值所在，然后制订相应的生产计划和资源配置方案。在生产过程中，企业需要严格控制产品质量、降低成本，确保订单按时交付。同时，企业还需要关注售后服务，及时解决客户在使用过程中遇到的问题，提升客户满意度。在数字化时代，个性化订单价值管控可以借助先进的技术手段实现更高效的管理。例如，通过建设基于数字化平台的个性化订单价值单元边际利润管控应用，企业可以实时获取订单信息，进行精确的成本核算和利润预测，从而制定更加科学的决策方案。此外，通过系统间集成和数据建模等技术手段，企业可以实现对业务过程数据的全面利用，提升个性化订单全流程的管控能力。总之，个性化订单价值管控是企业实现精益管理、提升经济效益和竞争力的重要手段。通过不断优化管理流程和技术手段，企业可以更好地满足客户需求，提升客户满意度，实现可持续发展。

恒丰纸业的每一个订单都有不同的要求，所以需要按照订单的个性化需求，通过数字化实现对整个订单全程生产经营业务的全面控制。核算出每个订单对公司的价值贡献度，按照价值贡献度来对整个生产经营过程进行成本控制、质量控制、时间控制，保证每个订单能够最终完全符合客户的需要，甚至还能超越客户的需要。即按照订单形成一个完整的价值单元，通过数字化管理，实现单元可管理、可控制、可考核评价。

（二）个性化订单价值管控的特点

个性化订单价值管控具有定制化、全面性、数据驱动、协同性和持续性等特点。这些特点使得企业能够更好地应对个性化订单的挑战，提升订单价值，实现可持续发展。

第一，定制化与灵活性。个性化订单价值管控的核心在于满足不同客户的独特需求。因此，它要求企业具备高度的定制化能力，能够灵活调整生产流程、产品设计和资源配置，以适应不同订单的特殊要求。

第二，全面性与系统性。个性化订单价值管控不仅关注订单的生产和交付，还涉及订单接收、分析、设计、售后服务等多个环节。它要求企业从全局出发，系统性地管理订单的全过程，确保订单价值的最大化。

第三，数据驱动与精准性。个性化订单价值管控强调数据的重要性，通过收集、分析和利用订单数据，企业可以精准地评估订单价值，制定针对性的管理策略。这有助于企业提高决策效率，降低运营成本，提升盈利能力。

第四，协同性与整合性。个性化订单价值管控需要企业内部多个部门和外部供应链的协同合作。通过整合内外部资源，企业可以形成合力，共同应对个性化订单带来的挑战，实现订单价值的最大化。

第五，持续性与创新性。个性化订单价值管控是一个持续的过程，需要企业不断总结经验，优化管理流程和技术手段。同时，随着市场环境和客户需求的变化，企业还需要不断创新，探索新的管理模式和方法，以适应个性化订单的发展趋势。

（三）个性化订单价值管控的建设策略

恒丰纸业个性化订单价值管控体系建设分为三个阶段，分别为主数据集成标准建设、主数据管理标准建设、主数据共享以及应用。

阶段一：主数据集成标准建设。制定系统集成标准，搭建集成平台，规范系统集成流程和标准，规范数据传输过程和质量，搭建系统集成和管理平台，完成各业务系统数据对接与过程监控。建立系统集成标准规范，解决关键系统集成问题。

阶段二：主数据管理标准建设。业务数据全面对接、共享，在主数据标准构建的过程，根据在同一个组织下构建统一的业务语言总则，进行整个标准体系的建设，最终通过定义组织职责、梳理流程权责、定义数据标准（分类、编码、唯一性、集成等）以及构建主数据管理平台，落实主数据标准体系的建设。全面构建主数据管理标准体系，促进各系统之间数据规范、标准统一。

阶段三：主数据共享以及应用。构建基于高质量数据的应用体系。在前期数据治理的基础上，通过数据一体化项目，实现业务智能化分析，基于高质量数据应用，实现内部精准管理和外部精准营销。

（四）个性化订单价值管控的建设意义

恒丰纸业是国内首家通过科技部和中国科学院认定的造纸行业重点高新技术企业，建立了数据引领、数据共享、高效协同的个性化订单价值管控新模式。充分展示企业全链条业务及人、机、料、法、环实时数据动态流转情况，以及围绕企业全局的研、采、销、产、储、运逻辑流程展示各关键节点业务数据，为调度指挥人员提供企业关键领域重要数据及指标，便于相关人员及时调整相应业务进程，实现"以数据为驱动"护航企业安全生产全过程。

（1）支撑集团未来核心业务发展。统一业务语言，支撑企业并购重组业务；统一物料、供应商分析业务数据，确定有集采价值的物料；统一客户，支撑全国营收管理和客户服务。

（2）提高业务系统协同效率。统一业务语言，促进集团和业态层面信息透明，实现信息共享；统一客商数据，促进客户资源、供应商资源、市场资源合理配置；打通库存、采购、应收系统平台，有助于提升业务协同效率；通过标准的数据接口定义以及强大的自定义功能，降低对开发人员的要求，提升开发效率，使得业务对接可快速落地，从而提升跨系统业务执行效率。

（3）提高数据质量，挖掘数据价值。统一数据标准，分析口径，增强数据的准确度和完整性，更好地支持报表及时分析，提高分析准确性及效率，促进对数据分析结果的使用。

（4）提升数据治理执行能力。横向统一组织间业务语言，促进组织变革，寻找新的成长点；纵向统一企业价值链的业务语言，提升研发、采购、生产的沟通效率。

恒丰纸业个性化订单价值管控体系建设方案

（一）细分经营目标维度

细分经营目标维度有利于提高数字化建设的针对性和实效性，更好地满足市场需求和客户需求，更好地应对市场变化和竞争压力。恒丰纸业根据自身管理需求，从 7 个维度划分经营目标。

（1）营销目标管控：根据公司历史销售情况及当前面临的市场环境，将经营目标分解到营销各区域及明细品种，制订出合理的销售计划。

（2）生产计划执行管控：根据销售计划量和产线日产合理安排生产，保证销售计划和生产的有效执行。

（3）工艺指标管控：根据排产情况，制定产品的工艺配方，有效测算出完成生产计划需要的原料、辅料等生产要素的需求计划。

（4）物料价格指标管控：根据物料需求计划，结合最近采购价格以及市场供应情况，出具采购计划价格指标依据。

（5）物流费用指标管控：根据企业执行的经营目标，从客户、产品维度，结合历史经营成果和测算情况，确定具体物流费用。

（6）能源消耗指标管控：根据历史运营情况，按产线制定出各类产品能源消耗定额数据，测算出各产品需要分摊的能源费用。

（7）固定及变动费用指标管控：根据历史及计划销售、生产情况，出具固定费用及变动费用计划，确认产品分摊原则和标准。

（二）规范数据标准，搭建集中管控的数据管理平台

恒丰纸业个性化订单价值管控体系的核心是达成数据标准信息化建设要求，搭建一个集中管控的主数据管理平台，制定一套主数据标准，确定一套数据接口标准，形成公司统一的主数据库。具体目标分解如下：

第一，制定数据标准。针对项目范围内的主数据，制定公司的统一数据标准，明确数据定义、分类体系、属性规范、编码规范、流程规范、描述规则等相关标准及规范，实现跨职能、跨业务系统共用数据的标准化。通过编制并实施《恒丰纸业主数据管理标准规划》，建设主数据管理标准化体系。

第二，搭建集中管控的主数据管理平台。搭建主数据管理系统，实现主数据的在线申请、审核、发布、分发、变更等全生命周期管理，提高数据质量及管控能力，为各业务系统提供公共、开放、统一的数据共享服务。

第三，制定接口标准。搭配企业服务总线，改变当前共享数据的单点对接现状，制定一套数据接口标准，实现各系统接口开发、维护的标准化。根据公司业务发展、战略转型、监管变化和科技发展的要求，对现有信息系统的体系架构进行结构性、适应性和针对性的优化，重新整合构建适应管理、业务、改革和监管需求的业务架构、应用架构、数据架构和技术架构。

第四，形成统一的主数据库。按照规划的数据标准，指导相关人员对现存数据进行清洗，并将清洗后的标准数据初始化到主数据管理平台；按照数据集成规划，完成主数据管理平台上下游系统的集成对接，形成统一的主数据库，实现数据充分共享，保证数据的一致性。

（三）依托高层战略驱动提供发展动能

恒丰纸业高度注重从战略视角来分析解决问题。从 2003 年开始每年组织战略大会，制订五年的规划，通过战略规划分析当年的形势，不停修正五年规划。随着战略不断分解、执行、落地，恒丰纸业这些年得到很好的发展。

公司领导积极拥抱"角色转换"，从命令式领导转变为赋能式领导。变革的激荡为企业带来不可预测的挑战，而领导力的重塑和提升则是制造业企业在数字化转型攻坚期的一剂"定心丸"，帮助企业领导有效平衡

"主动角色"和"被动角色",既以身作则,又充分授权。公司领导扮演"行动催化剂"角色,不过分干涉具体工作,也不直接输出明确指令,而是引导团队明确行动价值、内容和业务关系。通过赋能式管理模式,充分赋予员工权力、优化资源调配,鼓励员工自觉承担工作责任,成为自我发展的主人。

在数字化转型的企业激荡期,面临不断涌现的创新业务,领导也需要深入业务一线,保持开放心态,与员工共同学习、试错,通过主动分享经验、直抒胸臆,鼓励企业形成真正开放透明的工作环境。在数字化转型初期,由董事长亲自挂帅,作为数字化转型的发起者、推动者和领导者,在企业内充分宣传贯彻数字化转型的决心及愿景,强化战略共识。对于新成立的数字化"特种部队",采取不同于传统业务的管控方式,给予人员配置、绩效管理等方面更大的授权;对于转型初期新业务和传统业务之间在资源、价值观等方面的冲突,一把手亲自进行协调,并给予新业务更多支持,以确保团队迅速成长和新业务蓬勃发展。

(四)引入外部专家,建设云分析平台

恒丰纸业新一代 ERP 建设项目是紧扣集约型、环保型、智能型现代化纸厂这一总体目标,依托金蝶云·苍穹平台先进架构、金蝶云·苍穹高扩展性前台应用构建恒丰业务生态圈,着力打造的金蝶云·苍穹+星瀚供应链、制造云、财务全模块+s-HR、BI 分析平台一体化项目。通过场景化的前台和服务化、智能化中台,为实现具有恒丰特色的 ERP 提供强有力的体系支撑。

1.数据标准化

基于金蝶云·苍穹构建了恒丰业务主数据的标准化体系,实现了恒

丰主数据统一、辅助企业管理规范，规范 20 类主数据、清洗基础数据超 8 万条。同时企业内部逐步形成了做数据治理的组织准备和意识准备，为业务进一步的精细化管理打下基础。

2. 系统集成化

业务驱动集成、内部运营打通，实现核心业务流程通畅无断点。基于金蝶云·苍穹集成服务云低代码集成特性，内部打通了包括 OA、MDM（移动设备管理）、MES、批次、地磅、1688、立库等多套业务系统，实现核心业务流程通畅无断点。打通了异构系统 9 套，日均 API 调用次数超 2500 次，累计数据集成 1.5 亿行，解决了多源数据集成的痛点问题。

3. 处理平台化

通过建立恒丰纸业统一的数据标准体系和系统接口规范，实现"数据同源、规范共享、应用统一、服务集中"，使得公司能够集中化管理数据，在分散的系统间保证主数据的一致性，改进数据合规性。首先，规划主数据管理路线图。在当前主数据管理的基础上，以部署新平台为契机，规划设计未来 5 年主数据管理线路图。基于核心主数据、ERP、BI，结合企业期望效果及业务价值编制推进计划。其次，实现标准化高效共享。在主数据管理标准化体系的基础之上，通过企业服务总线平台建设，提供业务系统流程打通、数据高效共享的技术平台和管理解决方案。再次，面向未来构建技术平台。部署基于中台思想的灵活架构，为企业数据中台、业务中台的建设提供技术支撑。灵活的主数据管理平台，可以灵活提供适合行业、企业特性的解决方案，与业务系统高效融合。最后，完善主数据治理体系。在现有管理基础上，完善主数据治理体系，能够支持主数据运营管理，逐步实现由主数据管理体系扩展为企业数据管理体系。

4.经营体系化

依托金蝶云·苍穹平台，以年度经营指标达成为目标，分解年销售计划到季、月，同步生成年、季、月排产计划指导生产。结合机台产能、成本结构化定额、计划 BOM（物料清单）、产品售价体系，对新产品进行"边际利润测算"，保证产品边际利润率 10% 以上才允许销售，保证排产计划的科学合理性。恒丰通过经营目标体系，向前严控"单品测算"，向后追寻"成本领先"，在 2022 年度年初经营测算减利因素超8000 万、减利比例超 70% 的严峻挑战下，经营目标达成率成功实现。经营体系化，将支撑恒丰经营体系管理从战略到业务落地，提升监管和预测的有效性。

5.销售服务化

基于金蝶云·苍穹平台加强销售计划与实际执行的跟踪控制，在订单端，精准的售价审批体系结合常态化"单品测算""常规测算"，保证商品边际利润率有效达成，订单平均边际利润率超 10%。销售服务化将助力恒丰营销全过程管理效率和服务水平的全面提升。

6.生产智能化

基于金蝶云·苍穹平台，实现月销售计划、机台产能及"2+N"滚动计划排程模式，综合提升月排产精准度至 100%，保障订单准交率，达成生产稳定保供。生产智能化，将支撑恒丰的计划体系实现以最大化产能满足造纸行业最大的市场竞争力核心业务目标。

7.人力资源管理系统化

借助金蝶 HR 系统，将恒丰人力资源的组织、员工、假勤、薪酬各业务环节串联起来，实现人力资源管理业务流程规范化、管理工作系统化。通过人力资源系统的建设，将最佳的业务实践与公司的业务需求相结合，进一步提升恒丰人力资源管理水平，为公司领导、经营层提供完备、及时、准确的人力资源决策数据信息。

8. 降本长期化

基于业务驱动的金蝶云·苍穹成本核算体系、星瀚系统与 MES 系统的深度集成，研发工单、机修作业、损纸回抄、委托分切成本业务场景的线上化核算，能源、贵重品、包材的精细化成本分配，实现了成本核算全业务场景系统化覆盖，单次成本计算性能提升 3 倍，工单成本精准度提升 8%。正如恒丰纸业董事长徐祥所说：恒丰通过 ERP 的全新建设，实现了从自动化到信息化和数字化转型，结合大数据应用，最终实现了对每一笔销售订单的效益管控。降本长期化，将从业务数字化能力上支撑恒丰从要素降本转变到提能降本。

9. 业财一体化

通过业、财、税、金、票的标准化、透明化、实时化、一体化运作，实现订单到收款、生产到成本、采购到付款的一体化。在业务核算领域，凭证自动化率达 99%，重复性工作量降低 50% 以上，财务数据可快速输出。业财一体化支撑恒丰纸业实现业务和财务高度融合的财务管理目标。

个性化订单价值管控体系建设成效

（一）减少了绩效考核过程中的利益博弈

在未推进个性化订单价值管控体系建设之前，恒丰纸业主要根据历史经验和当年的行业发展预测来制定绩效考核指标，考核标准难以做到客观具体，导致企业与员工在绩效考核方面存在利益博弈。而个性化订单价值管控体系实现订单管理可视化，显著提升了订单管理的效率和准确性。在数据整合与处理过程中，收集和整合来自各个部门和系统的订单数据，确保数据的准确性和完整性，对数据进行清洗和预处理，消除重复、错误或不一致的数据。基于可视化工具和技术，如大数据可视化、实时数据可视化等，有效满足了个性化订单管理的复杂需求，使管理人员能够迅速了解订单的状态和进展。设计可视化界面与交互实现了关键指标的实时展示，如订单数量、订单成本、订单金额、交货期、客户满意度等，帮助管理人员快速识别问题和机会。

个性化订单价值管控体系有助于明确员工的职责和目标。通过细分经营目标维度，企业可以为每个员工设定明确的绩效指标和期望成果。这使得员工能够清晰地了解自己的工作重点和方向，减少了因目标不明确而导致的利益冲突。同时，体系中的可视化订单管理功能也使得员工的工作进度和成果一目了然，减少了因信息不对称而产生的误解和博弈。个性化订单价值管控体系强调的是订单价值的最大化，而非简单的利益分配。这一体系将关注点从员工之间的利益竞争转向了对整体订单价值的提升。在这样的体系下，员工的绩效考核更多的是基于他们对订单价值提升的贡献，而非相互之间的利益争夺。恒丰纸业通过边际利润管理，分析、核算每笔订单对企业的边际利润贡献，确保企业全年生产经营计划效益目标得到有效落实，在兼顾客户战略性合作保供的前提下，实现了效益最大化。

（二）提升了管理效率

个性化订单价值管控体系通过提升决策效率、检查效率、供应链管理效率、质量管控效率等方式，能够有效提升管理效率，促进企业的健康稳定发展。

第一，提升决策效率。面向客户的多样化需求，恒丰纸业通过数字化平台，为每个订单制定了一套标准，支撑多品种、小批量定制化需求，实现了多样化、高质量产品的灵活适配柔性生产。订单价值单元边际利润管控平台将成本细化到每一个环节，对产品成本、各项消耗、边际利润进行全过程管控。人工、物料、机器等成本一目了然，订单成本核算从预测到执行效益误差在 5% 以内，月排产精准度提升 100%，工单成本精准度提升 8%，业务核算凭证自动化率达 99%，真正实现了精细化、精益化生产。另外，系统可提供详实的分析报告，指导这一订单获利多少，决策者由此可推断这一订单是否可接。

第二，提升检查效率。在未开展数字化之前，设备维护需要员工亲自进去点检。在数字孪生工厂建设场景中，监测人员不需要实时巡视，因为故障预测与健康管理系统可以利用传感器收集处理设备的振动、温度等关键性数据，实现设备的实时监测和预警，保证设备维护的及时性。在生产环节，有超过 10 万个数据采集点，采集到的数据可以通过实时线上进行监控。

第三，提升供应链管理效率。恒丰纸业不仅依托新场景完成了厂区内常规物资智能化转运，还实现了厂区外从产品发运到客户签收全物流跟踪的上下游高效协同。恒丰纸业对上下游的需求计划、产品和数量，以及发货时的产品批次码和物流信息等数据进行交互，实现实时对接、调度和监管。例如通过平台建设实现装车预约、园区导航、提前备货，大大提高了物流装载和承运信息查询的工作效率。同时，仓储智能化的升级，也经由数字平台做到了产品溯源，避免人为失误，促使库存管理更加规范。

第四，提升质量管控效率。个性化订单价值管控体系强调对订单处理全过程的监控和管理。这包括从订单接收、分析、设计、生产到交付和售后服务的每一个环节。通过对这些环节的严格把控，体系能够确保产品质量在订单处理的每一个阶段都得到有效的保障。比如，开展数字化之后，每批产品都会保留一个条码用于监控纸质质量，通过这个"身份证"能查到辅料供应商、辅料批次、生产班次等信息，可以用于追溯生产过程的异常情况。公司会把产品质量参数都记录下来之后，然后优化参数，从而提升质量稳定性。

（三）促进财务效益提升

自 2001 年开始，恒丰纸业就开启了信息化、数字化、智能化的升级之路，2021 年恒丰纸业进行第三次 ERP 升级，并实施主数据系统应用，进一步提升了恒丰智能制造和企业管理水平。从自动化到信息化再到数字化，通过深入推进智能工厂建设，恒丰纸业已完成这三个阶段的转型。现在的恒丰纸业与信息化建造初期相比，企业产能提升了 5 倍，人员减少了 25%，实现了降本增效，数字化转型升级为企业提供了新的发展动能，创造了新的品牌价值，增强了企业的核心竞争力。近 10 年间，公司在国际市场保持平均 20% 以上的快速增长，综合竞争实力跃居全国同行业龙头、全球同行业双雄。员工人均创利税由 2002 年的 32010 元，提高到 2020 年的 74362 元。

（四）促进核心能力提升

个性化订单价值管控体系建设为恒丰纸业构建了以下几大核心能力：

第一，数字化运营与业务管控能力。围绕销售到应收管理、采购到应付管理、计划到生产管理、存货到成本管理、资金管理、会计税务管理等业务的闭环管控进行规范和完善运营管控体系，以数字化平台为抓手、数据驱动业务，通过 BI 平台的建设和落地，基于业务数据和流程监控进行管理决策，确保各业务部门工作与公司战略保持高度一致。

第二，销售服务能力。通过提高商机转化签单率提升商机管理水平，加强销售计划对实际执行的跟踪控制，结合售价审批体系与产品边际利润率管理等方面，全面构建销售服务能力。

第三，生产计划管控能力。通过构建生产、物控、仓储管理三位一体的生产计划体系，巩固并强化公司物控职能，不断优化存量结构，提高订单准时交付能力与存量管控能力。

第四，人力资源管理能力。通过人力资源系统的建设，减少人为判断和手工干预程度，避免假勤—薪酬管理平台不统一、业务数据分离，并提供完备、及时、准确的人力资源决策依据，提高人力资源管理水平。

第五，产品盈利能力。提高成本核算与分析管理能力，从"日消耗、日统计、周分析、月成本"维度加强吨纸消耗成本核算、分析和控制，提升产品盈利能力。

第六，业财税一体化管控能力。打破业务和财务的边界，通过业、财、税、金、票的标准化、透明化、实时化、一体化运作，实现订单到收款、生产到成本、采购到付款的一体化、业务核算自动化和及时化。

结束语

恒丰纸业在数字化转型中，通过订单价值单元边际利润管控平台的建设，形成了以整体效益提升为目标的系统性解决方案，并进行了成功经验的推广和复用。恒丰纸业抓住机遇带动区域快速发展和产业的融会贯通，努力将自己打造成国际造纸业数字化转型和智能制造的标杆企业。通过订单价值单元边际利润管控应用实践可以看出，运用订单边际利润指标进行产品盈利能力分析和决策指导并不是孤立的，需要管理者加强业财融合，对产品的销售信息、成本构成以及企业的费用归集规则等有全面了解，才能够科学准确地测算出产线产品的订单边际利润，做出正确的资源分配优序选择，优化品种结构，提高产品竞争力，提升企业的精细化管理能力。恒丰纸业将精细化财务管理的理念渗透订单价值管理的过程中，进一步推动财务管理优化方案的落地，为制造企业夯实核算基础、细化管控颗粒度、提高数据决策支持力，为实现精细化财务管理转型提供了方向，在实际操作方面提供具体的实施路径和控制方法，为企业如何实现可持续性发展的战略目标提供了借鉴。

专家洞察

恒丰纸业是一家有着七十多年历史的传统造纸国有企业，发展至今不仅成为上市公司，而且是本行业的龙头企业，它靠什么成就了大业？

恒丰纸业的成功因素之一是永远盯着未来。恒丰纸业关注市场变化，关注长期战略，关注未来发展。以恒定的战略思考和制定，来应对不断变化的顾客需求。恒丰纸业的领导班子骨子里充满了一种立足长远的意境，并以此实现企业可持续发展，这是高质量发展的终极体现。

恒丰纸业成功因素之二是持续不断创新。恒丰纸业以战略引领创新，以创新实现战略，以持续不断的变革创新和研发投入使企业在行业竞争中总是领先一步。恒丰纸业的领导班子和员工潜意识里有一种永不满足的革故鼎新精神，以此实现企业不断转型升级，这是高质量发展的坚实基础。

恒丰纸业的成功因素之三是坚持生根落地。恒丰纸业不遗余力使战略成真、让创新有效，以矢志不移的韧性和群策群力的奋斗将梦想变成现实。恒丰纸业的领导班子行为世范，员工艰苦奋斗，使得企业的成功成为自然，这是高质量发展的内在动因。

恒丰纸业的成功因素之四是始终精益求精。恒丰纸业通过新技术的迭代升级不断完善信息体系，形成精益信息，促推精益制造和精益管理，以高标准、严要求实现企业差异化和优势化竞争。恒丰人上上下下从大处着眼、小处着手，绝不放过任何一个细小的问题，使问题的解决成为发展的机遇，这是高质量发展的实施路径。

作者简介

谢志华 中国管理模式 50 人 + 论坛成员
北京工商大学原副校长、教授、博士生导师

刘振华 南开大学商学院博士研究生

第五章

新宙邦："专精厚透"走出高质量发展之路

引言

在经济全球化的大潮中，企业如同航海者，需要凭借敏锐的洞察力和坚定的意志，驾驭着创新之舟，破浪前行。深圳新宙邦科技股份有限公司（以下简称新宙邦），正是这样一位在全球化浪潮中乘风破浪的领航者。自 1996 年在深圳这片改革开放的热土上诞生以来，新宙邦以其独特的企业家精神和创新驱动力，书写了一段段令人瞩目的发展篇章。从一家初创企业成长为行业领先者，新宙邦的故事，是深圳企业家精神的缩影，也是中国企业在全球舞台上崛起的生动案例。

经过 28 年的踏实耕耘，新宙邦不仅在国内市场扎根深厚，更在全球范围内布局，设立了 28 家全资（控股）子 / 孙公司。公司专注研发创新，坚持以电子化学品和功能材料为核心的相关多元化发展战略，在电子化学材料细分领域做到全球领先。这些产品广泛应用于新能源汽车、生物医药等新兴产业，成为推动社会进步的重要力量。新宙邦自成立以来，凭借对创新的不懈追求和对市场敏锐的洞察，实现了从国内领先到国际竞争的跨越。

时代背景与行业趋势

（一）"企业家精神与高质量发展"的时代意义

"创新是企业家精神的具体工具……赋予资源创造财富的新能力的行为。"彼得·德鲁克的这句话精辟地概括了企业家精神的核心。它不仅是理论上的洞见，更是新宙邦成长历程的真实写照。作为行业的领跑者，新宙邦凭借着不断的技术创新和市场导向的敏锐洞察，生动诠释了企业家精神在实际中的强大生命力。

深圳商人以其独特的企业家精神闻名于世，展现出敢于创新、勇于开拓的品质。而新宙邦正是这种精神的杰出代表。公司不仅继承了深圳商人敢为天下先的传统，更将这一精神与市场导向的创新紧密结合，谱写出了一段段辉煌的篇章。一方面，在技术创新上，以公司自主研发的550V高耐压电解液为例，该技术创新不仅提升了电容器的性能，更在光伏领域树立了新的标杆。这一突破性的创新，正是新宙邦对德鲁克创新理念的深刻实践。公司通过技术创新，不断推动行业标准的提升，体现了创新是企业持续发展的动力源泉。另一方面，新宙邦对市场需求的快速响应，体现了其敏锐的市场洞察力和卓越的应变能力。通过与国内外知名企业建立战略合作伙伴关系，新宙邦持续开拓市场，满足高端客户的需求。这种敏锐的市场导向，不仅使公司能够迅速适应市场变化，也体现了企业家精神中开放合作、务实高效的核心价值。此外，在全球经济一体化的大潮中，新宙邦展现了其全球化视野与本土深耕的双重优势。公司不仅在国内市场建立了稳固的生产基地，还积极拓展国际市场，取得了显著成就。

新宙邦的成长故事，是一曲创新与企业家精神的赞歌。它不仅展示了深圳商人企业家精神在当今市场中的强大生命力，更生动地诠释了这种精神如何与市场导向的创新相融合，推动企业不断前行。

（二）企业所处行业的变迁及行业地位

新宙邦通过自主开发、产学研合作和上下游协同等方式，开展产品与技术创新，为客户提供高品质的产品和解决方案，并通过前沿研究持续培育公司未来新的增长点。新宙邦已初步完成在溶剂和添加剂等方面的产业链布局，在确保原材料稳定供应的同时亦能有效降低成本。此外，新宙邦通过与行业重点客户建立全面战略合作关系，积极巩固和拓展现有业务的广度和深度，截至 2023 年，新宙邦电池化学品在全球范围内已有 9 个生产基地实现交付保障，在就近服务客户的同时，增强了客户黏性，为公司持续稳定发展提供了重要支撑。

重点领域一：电容化学品

电容化学品业务作为新宙邦发展的起点，其历史可追溯至 20 世纪 90 年代，当时正值中国家电行业及国产铝电解电容器的黄金发展期。当时，国内电容器材料（乙二醇、己二酸铵、硼酸等）受限于纯度不足，导致产品性能难以与国际（如日本、韩国）先进水平相媲美。面对这一挑战，新宙邦致力于技术创新，通过材料自主合成和提纯工艺的优化，成功研发出杂质离子含量达到 ppm 级别的电子化学品，显著提升了电容器的使用寿命和可靠性。这一技术突破不仅解决了行业客户面临的产品寿命短和易击穿的问题，也为中国电容器行业走向世界市场奠定了基础。

进入 21 世纪，新宙邦在电容化学品领域的技术突破持续不断。2021年，公司开发出 550V 高耐压牛角铝电解电容电解液，以其卓越的稳定性和超长器件寿命，在光伏领域得到了广泛应用，成为国内唯一一家能够提供成熟光伏电容器电解液产品解决方案的厂家。紧接着在 2022 年，新宙邦在铝叠层电容用导电浆料产品开发上取得了重大技术突破，通过导电银浆的技术革新，助力国内客户实现了铝叠层电容的 ESR（等效串联电阻）从 7~8mΩ 降至 3mΩ 以下，达到了全球领先水平。此外，公司还成功开发了固液混合解决方案，将固态电容的低阻抗特性与液态电容的高耐压、自修复、长寿命优势相结合，有效改善了传统固态电容的漏电和耐压问题，提升了产品寿命，并在新能源汽车行业中得到了广泛应用。

经过多年的深耕细作，新宙邦在电容化学品领域已确立了全球细分市场的领导地位，市场需求呈现出稳中有增的态势，核心客户份额保持稳定。公司通过不断的技术创新和产品升级，满足了新兴行业对电子元器件的高标准要求，如光伏、储能、新能源汽车等领域的快速发展为电容化学品业务带来了新的增长点。同时，随着国家对安全环保监管的加强和新基建、新能源投入的持续增加，电容器产品结构的优化和技术升级成为行业发展的关键，新宙邦凭借其在材料自主合成、提纯工艺优化等方面的深厚积累，以及对市场需求的敏锐把握，不断巩固和扩大其在电容化学品领域的竞争优势。

重点领域二：蓄势待发，电池化学品的创新领航者

新宙邦自 2000 年伊始便踏上了电池化学品领域的征程。当时正值国内锂电池产业链的起步阶段，国内锂电池材料市场几乎完全依赖进口，特别是锂电池电解液的供应，几乎全部掌握在三菱化学等国际巨头手中。面对这一挑战，新宙邦凭借其在电容器电解液领域的深厚技术积累，迅速在电池化学品市场占据了一席之地。2003 年，新宙邦正式推出锂电池电解液产品，凭借其安全环保、高质量的产品特性，迅速在市场上获得了广泛认可。

新宙邦的产品线丰富多样，涵盖了锂离子电池化学品、超级电容器化学品、一次锂电池化学品等多个领域。公司在前沿布局上同样不遗余力，钠离子电池化学品、固态电池化学材料等新兴领域均有所涉猎。经过二十余年的不懈努力，新宙邦在电池化学品领域积累了强大的研发实力，产品品质得到了市场的广泛认可。目前，公司在研发能力、产品品质、产业链布局、客户结构等方面均具有显著的市场优势，成为电池化学品领域的行业龙头企业之一。

新宙邦通过与行业重点客户的全面战略合作，不断巩固和拓展业务的广度和深度，增强了客户黏性。随着全球新能源汽车产业的蓬勃发展，以及储能电池和消费类电池需求的不断增长，新宙邦的电池化学品业务正迎来前所未有的发展机遇。EVTank 数据显示，2022 年全球储能锂电池出货量为 159 吉瓦时，同比增长 140%，而 GGII 数据统计显示，2022 年中国储能锂电池出货量达 130 吉瓦时，同比增长达 170%。这些数据充分证明了新宙邦在电池化学品领域的市场潜力和发展前景。

重点领域三：有机氟化学品

有机氟化学品作为新宙邦战略布局的关键一环，其发展历程始于 2015 年的一次重大资产重组。通过这一举措，新宙邦成功整合了海斯福——国内六氟丙烯下游含氟精细化学品的龙头企业，从而确立了在该领域的技术领先地位。

海斯福的加入，使得新宙邦可以充分整合资源，优势互补，不断在产品研发与生产技术方面实现新的飞跃。同时，新宙邦通过海斯福统筹有机氟化学品业务板块发展，进军全新的高端技术领域，投资建设了以含氟聚合物材料为核心业务的海德福高性能氟材料项目，进一步巩固了其在氟化工产业链中的领导地位。2023 年，新宙邦被中国氟硅有机材料工业协会评为 2023 全球氟化工行业前 20 强。

新宙邦在有机氟化学品领域的深耕细作，体现在对整个产业链的精心布局与战略拓展上。公司稳步推进，高效推动规划海斯福高端氟精细化学品（一期、二期）项目落地与产业化；控股海斯福（深圳）拓展含氟化学品和材料应用解决方案；参股永晶科技布局上游氟化氢业务。这些举措不仅提升了新宙邦在氟化工领域的研发实力，增强了其市场竞争力，也提升了公司的盈利能力。

在市场地位方面，新宙邦的氟精细化学品已在全球市场占据了重要位置。凭借领先的产品研发与生产技术，以及丰富的产品线，新宙邦不仅在国内市场享有盛誉，更在国际市场上展现了强大的竞争力。在含氟聚合物材料领域，新宙邦通过海德福项目，成功开发了一系列高性能氟材料产品，供给高端市场领域。随着全球对高性能材料需求的不断增长，新宙邦凭借其在有机氟化学品领域的深厚积累，正迎来更广阔的市场机遇和发展空间。

小结：企业对行业与时代的洞察与贡献

对内，新宙邦发挥企业家精神，独创"专精厚透"企业文化，"专"即聚焦主业，员工成工匠、干部成专家、公司成龙头；"精"即形成技术、品质、市场及服务的优势；"厚"即围绕主业、有效整合；"透"即形成规模成本优势、迭代更新。对外，始终贯彻"以质量树立品牌，以技术提升品牌、以诚信维护品牌"，塑造新宙邦品牌文化，在电子及化学品功能材料行业树立了领先者的品牌形象，荣获国内外包括"国家企业技术中心""国际信誉品牌""国家知识产权优势企业"等众多高质量荣誉奖项，获得多家国内外知名跨国企业"优秀供应商"高质量品牌称号。

战略过程

（一）企业家的核心思想（价值观源起与远见）

在 20 世纪末期的中国，家电和消费类电子产品的浪潮刚刚涌动，充满机遇与挑战。然而，当时的中国制造业面临着一个尴尬的现实：尽管整机产品层出不穷，支撑这些产品的国产元器件和基础材料却极度匮乏。核心技术和高端材料严重依赖进口：当时，美国杜邦的化工帝国，以其深厚的技术积累和全球影响力，成为行业标杆；而日本的化工企业，以其精湛的工艺和严格的品质控制，占据了主要市场，国内化工产业的发展受到限制。这一市场格局，激发了新宙邦创始人之一覃九三先生及其团队的雄心壮志，他们怀着改变现状的梦想，决心填补国内在这一领域的技术空白。

1996 年，一个以创新为驱动力的公司——深圳市宙邦化工有限公司，在覃九三先生的带领下诞生了。他们以世界化工行业的领头羊杜邦为榜样，立志要打造出属于中国的化工品牌。随着公司对新兴领域的不断深入，它的名字也由宙邦化工升级为新宙邦，象征着企业在新时代的转型与飞跃。新宙邦的崛起，不仅仅是一个企业的成长故事，更是中国化工行业自主创新、自力更生的缩影。凭借领先的技术、卓著的信誉和优质的产品，新宙邦迅速在市场上站稳脚跟，业绩的快速增长如同一股不可阻挡的潮流，推动着公司不断向前。在国内，新宙邦的生产基地如同一颗颗璀璨的明珠，镶嵌在以惠州为核心的珠三角地区、以江苏为核心的长三角地区、以福建为核心的海西地区、以湖北和湖南为核心的华中地区、以天津为中心的华北地区以及以重庆为中心的西南地区；国外主要布局在以波兰、美国为中心的欧美地区。

过去的二十多年中，尽管世界经济经历了诸多风云变幻，新宙邦始终保持着坚定不移的意志和不改初衷的决心。面对新能源与电子信息行业的汹涌澎湃，新宙邦如中流砥柱，勇猛精进，三千里击水，不畏艰难；在电子化学品和功能材料领域的大潮中，新宙邦耐心沉潜，积蓄力量，最终不仅成为引领行业发展的上市公司，更是从深圳走向全国，进而迈向国际舞台。新宙邦深知，创业之路从不会因为困难而受阻，只会因为失去志向而止步。历经无数次潮起潮落，新宙邦不仅扛过了瓶颈期的迷茫和单调，也抵御了成功带来的荣耀和诱惑。

在新宙邦的发展历程中，支撑着每一位新宙邦人的，正是那种"致广大而尽精微"的创业精神。"致广大而尽精微"这一理念源自《汉书》，原意指一个人达到广博境界而又钻研精微之处的治学精神；而对于新宙邦人而言，他们不仅在战略层面上有着深远的规划，更在日常工作中追求极致的精细与专业。这不仅仅是一种精神追求，更是一种行动的准则，引导着公司在化工行业的每一次创新和突破：面对化工业务研究的精密与具体性，注重每一个细节的精确执行。这种精神贯穿于新宙邦的每一个项目、每一项研究，确保了公司能够在竞争激烈的市场中保持领先。例如，新宙邦的发展六五规划，不仅绘制了一幅宏伟的蓝图，更制定了新发展阶段的七项原则。通过这些原则的指导，新宙邦将继续在电子化学品和功能材料领域深化其专业优势，不断探索和拓展新的市场机会，推动公司在销售规模、利润水平、创新能力、国际化程度和发展质量上达到新的高度，实现可持续发展和行业领导地位。

（二）创新的"1234"战略框架

经过近 30 年的历史沉淀，新宙邦在高质量发展方面形成了创新性的"1234"战略，即聚焦 1 个中心，依托 2 轮驱动，把握 3 大机遇，平衡 4 大维度高质量可持续发展。

"1234"战略框架具体是指：

聚焦 1 个中心（客户）：新宙邦始终以客户为中心，致力于满足和超越客户的期望。以客户为中心的战略不仅体现在产品质量和服务上，更贯穿于企业的每一个运营环节。通过深刻理解客户需求，新宙邦持续提升产品价值和客户体验，建立了牢固的客户信任和长久的合作关系。

依托 2 轮驱动（技术创新 + 高端客户）：新宙邦的成功离不开其技术创新和对高端客户的精准把握。公司一直以来高度重视研发投入，推动技术的持续突破和产品的高端化。同时，公司专注于与国内外知名大客户的合作，通过严格的质量管理体系和高效的内部管理，确保产品能够满足这些高端客户的高标准要求。这样的双轮驱动战略，不仅提升了新宙邦的市场竞争力，也为其长期稳定发展奠定了坚实基础。

把握 3 大机遇（三大新兴产业：新能源汽车、电子信息与半导体、含氟化学品）：新宙邦敏锐捕捉新兴产业的历史性机遇，积极布局新能源汽车、电子信息与半导体、含氟化学品等领域。公司通过相关多元化发展战略，以电子化学品和功能材料为核心，持续拓展和深化这些高潜力领域的业务。这一战略使得新宙邦在迅速变化的市场中，能够及时调整方向，抓住机遇，领先行业。

平衡 4 大维度（财务、顾客、内部流程和学习成长）：为了实现全面的高质量可持续发展，新宙邦在财务稳健性、顾客满意度、内部流程优化和员工的持续学习与成长这 4 个维度上，进行了平衡和协调的管理。

公司不仅追求财务上的稳健增长，还注重提升客户体验，优化内部运营效率，推动组织学习和创新能力的提升。

（三）新宙邦的战略决策核心举措与独特优势

1. 科学管理与战略规划的坚实基础

自 1996 年成立以来，新宙邦的创始团队就以科学管理和严谨决策为公司奠定了坚实的基础。每年，公司都会邀请专业的第三方审计机构和咨询公司对其发展战略和竞争态势进行审慎评估。这种专业的管理模式，使新宙邦在初创期即能够在快速变化的市场环境中稳步前行，体现了深商在深圳这片创新沃土上的独特企业家精神。

2. 高标准的研发与市场定位

在研发和市场定位方面，新宙邦始终坚持高标准、高要求。在 B2B（企业对企业）市场竞争中，公司明确定位于服务国内外知名的大型企业客户，这些客户对产品质量和管理标准有着严苛的要求，倒逼新宙邦在内部管理效率、成本控制和质量保障等方面不断提升。近 30 年的发展历程中，新宙邦始终如一地坚持高质量管理，确保了在激烈的市场环境中的竞争优势。

3. 全球化的市场布局与发展

新宙邦的全球化战略布局进一步强化了其市场地位。目前，公司在国内的生产基地遍布珠三角、长三角、海西、华中、华北及西南地区，国外主要布局在以波兰、美国为中心的欧美地区。

4. 数字化转型助力高质量发展

新宙邦深知数字化转型对于企业高质量发展的重要性。为此，公司制定了"六五数字化转型战略规划"，通过"智慧企业"和"智能制造"

双轮驱动,全面推进数字化转型。新宙邦坚持以客户为中心,以数字化驱动经营管理为主题,整合信息化、自动化、物联网、化学工程与工艺、仿真模拟和数字孪生等先进技术手段,推动产业链的创新转型升级。这一数字化战略不仅提升了公司整体的运营效率和响应速度,也为其在未来的竞争中奠定了坚实的技术基础。

新宙邦的成功不仅仅在于其对市场机会的敏锐把握和在技术创新上的持续投入,更在于其在管理实践中的高标准、科学决策和全球化视野。通过多年的努力和战略积累,新宙邦已经发展成为全球领先的电子化学品和功能材料企业,并将在未来继续引领行业的发展方向。

管理模式

(一)可持续发展理念

新宙邦积极响应联合国可持续发展目标,在提供创新产品和服务的同时,将可持续发展理念融入业务运营的方方面面,构建可持续发展管理体系,持续加强利益相关方的沟通,以绿色顶层设计保障永续经营,回馈客户和社会。

1. 企业文化的全球拓展与软实力建设:"专精厚透"

在全球市场拓展的过程中,新宙邦深刻认识到企业文化作为"软实力"的重要性,并将其置于战略发展的核心位置。通过精心构建,公司已经形成了一套包含核心价值观、企业使命、企业愿景及经营理念在内的全面企业文化体系。这一体系不仅加强了企业的核心竞争能力,而且为公司的可持续发展提供了坚实的基础。新宙邦的经营理念为"专精厚透",前文已有介绍,本处不再重复。

2. 安全生产的发展理念

新宙邦始终视安全为公司发展的生命线、红线与底线，牢固树立"以人为本、生命至上"的安全发展理念，致力于利用先进技术和科学管理方法，打造电子化学品和功能材料全过程、全链条、全生命周期的本质安全。

3. 绿色环保的实践与荣誉

新宙邦通过技术赋能实现绿色发展，合理管控资源及能源消耗，优化废弃物管理。坚持选用更环保的原料、采用更清洁的工艺、使用更节能的设备，致力打造具有时代和行业引领性的国际信誉品牌，提供高品质绿色产品。

4. 职业健康的源头治理

新宙邦注重源头治理，选用绿色材料、先进工艺和技术装备，加大投入持续改善作业环境，高标准配备和使用劳动安全防护用品，常态化开展职业健康体检，预防和控制职业病危害，保障员工职业健康。

5. 节能减碳的战略布局

新宙邦聚焦电子化学品和功能材料前沿技术，积极探寻节能减碳新路径，引进负碳技术并建成投产二氧化碳基化学品及材料项目，2023 年温室气体减排约 19582 吨。实现了绿色石化和新一代电子信息两大产业的关键融合，降低碳排放，助力循环经济，贡献碳中和。

6. 企业责任的全面履行

新宙邦全面履行对顾客、员工、股东和社会的责任。对顾客，公司致力于提供高品质、交期准确的产品；对员工，公司以薪酬福利为基础，提供人文关怀和持续教育，助力员工职业成长；对股东，公司尊重资本，注重可持续发展和价值增长，确保投资者获得稳健高效的回报；对社会，公司遵纪守法，积极参与社区发展和建设，履行企业公民责任。

7. 社会公益的积极贡献

在推动社会发展的同时，新宙邦积极参与社会公益事业，扶贫济困，特别关注教育和青少年发展。通过在全国高校和社区开展捐资助学等公益活动，新宙邦及实控人累计捐款超过千万元，努力回馈社会，为社会和谐与进步贡献力量。

（二）新宙邦的高质量发展与独特实践

1. 科学管理与战略规划的坚实基础

新宙邦自成立以来，一直在高质量发展方面展示出独特的实践和举措。公司在创立之初便确立了明确的定位和精细的规划。董事长曾多次提到，1996 年公司成立时，虽然团队规模较小，但几位创始人早已在科学管理和战略决策方面达成了高度共识。

2. 高标准的研发与市场定位

新宙邦的高质量发展还体现在其独特的研发能力和市场定位策略上。在 B2B 市场的激烈竞争中，新宙邦明确定位于服务国内外知名的大公司。这些大公司对产品的高质量、管理体系和质量保证都有极高的要求。为了满足这些高标准，新宙邦不断提升内部的管理效率、控制成本和保障产品质量。二十多年来，新宙邦始终坚持高标准、严要求，确保在产品质量和客户服务方面保持领先。这种倒逼机制使得新宙邦在近 30 年的发展历程中，始终能够以卓越的表现赢得市场的认可和客户的信任。

3. 国际化的市场拓展与成就

在全球化发展方面，新宙邦也取得了显著的成绩。经过 28 年的发展，新宙邦已经成功地将其业务拓展到国际市场。目前，新宙邦的国际市场销售额已经占到公司收入的 30%，这一成就不仅是新宙邦的骄傲，也是深圳上市企业在全球市场上取得的重要胜利，展示了其强大的竞争力和市场适应能力。

（三）数字化转型

1. 数字化转型与产业链转型升级

新宙邦高度重视数字化转型能力建设和投入，推动产业链转型升级。公司制定了"六五数字化转型战略规划"，坚持以客户为中心，以数字化驱动经营管理为工作主题，深化和巩固企业现有信息化平台的应用，整合信息化、自动化、物联网、化学工程和工艺、仿真模拟、数字孪生等技术手段，规划建立"智慧企业、智能制造"双轮驱动的数字化转型战略，打造业财融合的研、供、产、销精细化管控体系和全球一体化运营的集成供应链，以及高度自动化、无人/少人化的精益数字化工厂，实现"数字驱动、智慧运营、协同创新"的目标，信息系统架构和平台已趋于成熟。

经过近6年的持续建设和投入，新宙邦目前的信息化管理和应用水平已得到明显提升，目前初步形成以 SAP-ERP、OA、CRM（客户关系管理）、RDM（研发管理）、BI 等核心应用构成的集团信息化应用平台，打通覆盖主要的业财一体化流程和数据信息，形成较完备、符合公司实际业务情况的信息化应用架构。新宙邦已建成以 IPSec（互联网安全协议）和 SD-WAN（软件定义广域网络）组成的全球集团网和私有服务云，符合 ISO 27001 信息安全管理体系的网络信息安全管理方案。

熟练掌握经过实践验证的可靠流程信息化建设和持续改进的方法论。新宙邦学习并总结了一系列的信息化项目实践经验和教训，现已确立了"集团直管、统一规划、分步实施"的信息化建设管理思路，以及

"以业务需求为导向、以解决业务问题为目标，业务主导蓝图设计、IT组织技术实现"的实用方法论，避免信息化建设的不适用、盲目和铺张浪费。更重要的是，确保信息系统战略与数字化转型战略及企业战略保持一致，从而确保信息系统战略能够与商业模式紧密结合，实现企业IT投入的变现。

新宙邦通过技术创新信息化建设，提升核心竞争力。新宙邦从2016年开始实施RDM数字化平台并持续优化迭代，首创锂离子电池电解液等电子化学品和功能材料送样和客户服务模块功能，把客户需求转化到公司产品设计开发阶段，提高客户需求满足率和产品解决方案命中率等。同时，新宙邦开发引进数字化实验室管理系统，实现集团旗下各地实验室全业务流程线上管控及信息共享，打通总部、区域和工厂实验室间的管理壁垒，实现质量数据可追溯、原始记录规范，确保原始记录、谱图等可上传，提升实验室管理的规范程度，保证数据完整性、数据可追溯性，同时对实验室实验的设备进行有效整合，实现各种实验相关资源的数据自动采集，并提供移动办公解决方案。

2. 数字化的价值活动（业务活动、运营活动、产业活动等）

新宙邦坚持以持续的管理创新、流程再造优化、财务业务一体化、信息化和数字化转型建设促进业务协同，提升运营管理效率与质量，着力于建立健全的从需求到交付端到端拉通和供产销高效协同、敏捷、柔性和可靠的供应链，以及精简高效的业财一体化运营流程，通过不断完善以客户为中心、以市场为导向的集团运营管控组织体系和流程管理体系，提高公司整体运营效率和竞争力。公司已搭建并持续优化、深化、拓展信息系统应用，聘请国际知名咨询公司提供流程与信息化建设规划咨询和实施，强化流程的活力和竞争力。新宙邦还充分发挥集团统筹管控下多基地规模优势和供应链柔性，全面推行精益生产，加强计划调度管理，实现相关资源的共享与高效利用，驱动业务精细化、运营管理高效化，提升对客户需求的响应速度和服务质量，并通过持续开展精益管理以及降本提效专项活动，聘请专家对卓越现场管理、焦点课题与提案改善、全员品质管理和精益五星班组建设等一系列专项模块进行针对性的培训和指导，搭建起符合公司运营特色的全方位精益管理体系，缩短交期、减少浪费，进一步提高运营管理水平与效率。

在核心人员培养方面，始终秉持"人力资源是企业发展的第一资源"的理念。根据战略目标和发展要求，新宙邦不断优化课程资源、讲师队伍、运营平台，形成了领导力、管理技能、通用技能、专业技能、认证课程培训等完善的培训体系，涵盖研发、营销、品质、安全、管理技能等内容。通过各项培训计划以及多通道职业发展，引导员工终身学习、不断改进，激励员工不断提高其岗位胜任能力。在核心人员激励方面，公司秉承"参与、成长、共担、共享"的员工发展理念，尊重员工价值，重视员工职业发展，进一步完善和深化组织绩效与个人绩效管理体系，并通过股权激励、项目激励、合伙平台等多层次成果分享机制，推动员工与企业共同成长。公司经营管理团队具有丰富的行业经验和前瞻性视野，能及时、准确地掌握行业发展动态并能敏锐地把握市场机遇，及时调整公司技术方向和业务发展战略。公司各层管理团队高度认可和践行公司文化、价值观及经营理念，具有较强的凝聚力和执行力。

企业成就与未来展望

新宙邦坚持以电子化学品和功能材料为核心的相关多元化发展战略，以原创性前沿研究、解决行业发展重大问题为己任，力争成为具有世界先进水平的原创性科技创新企业，成为引领电容器、锂离子电池、半导体、有机光电器件及氟化学品等行业发展的一流电子化学品及功能材料供应商。

新宙邦坚持以客户为中心，不断完善"产品+解决方案"的商业模式，为客户创造价值，同时坚持"持续的技术创新与高端市场定位"双轮驱动，通过产业一体化布局，公司不断强化品质及综合成本竞争优势，持续满足顾客需求。依靠技术创新优势、高品质的产品和优异的解决方案，新宙邦赢得了国内外行业高端客户的高度认可与信任，成为所在细分行业的领先企业，树立了新宙邦专业、创新、守信的形象。新宙邦将秉承"格物致用、厚德致远"的核心价值观，保持战略定力和耐心，对重点战略目标进行饱和攻击；以成为"百年企业"，为"全球电子化学品和功能材料行业领导者"的梦想勇往直前，用绿色化学，推动锂电新能源及信息技术发展，贡献全人类。新宙邦将以有限之身，投入无尽的事业中，精心走好每步棋，用扎实的行动支撑起全盘计划，踔厉奋进，致广大而尽精微。

专家洞察

耕耘 28 载，深圳新宙邦科技股份有限公司 1996 年创立于深圳，14 年后创业板上市，已设立的 28 家全资（控股）子/孙公司扎根中国、布局全球。主要产品有电池化学品、有机氟化学品、电容化学品、半导体化学品等，广泛应用于新能源汽车、生物医药等新兴产业。

对内，新宙邦发挥企业家精神，独创"专精厚透"企业文化；对外，新宙邦始终贯彻"以质量树立品牌，以技术提升品牌，以诚信维护品牌"，塑造新宙邦品牌文化，在电子化学品和功能材料行业树立了领先者的品牌形象，荣获国内外众多高质量荣誉奖项，被国内外知名企业赋予"优秀供应商"高质量品牌称号。

经过近 30 年的历史沉淀，新宙邦在高质量发展方面形成了创新性的"1234"战略，即聚焦 1 个中心（客户），依托 2 轮驱动（技术创新 + 高端客户），把握 3 大机遇（三大新兴产业：新能源汽车、电子信息与半导体、含氟化学品），平衡 4 大维度（财务、顾客、内部流程和学习成长）的高质量可持续发展。

同时，新宙邦高度重视数字化转型能力赋能高质量发展，推动产业链创新转型升级。公司制定了"六五数字化转型战略规划"，建立了"智慧企业、智能制造"双轮驱动的数字化转型战略，坚持以客户为中心，以数字化驱动经营管理为工作主题，整合信息化、自动化、物联网、化学工程和工艺、仿真模拟、数字孪生等技术手段。

公司经营国内生产基地分布在珠三角、长三角、海西、华中、华北及西南地区，国际以波兰、荷兰为中心的欧洲地区为主（正在布局以美国为中心的北美地区），已发展成为全球领先的电子化学品和功能材料企业。

作者简介

黄　伟
中国管理模式 50 人 + 论坛成员
南方科技大学深圳国家应用数学中心数字经济研究中心主任、商学院创院院长、教育部长江讲席教授、世界权威信息系统学会 AIS-FELLOW

蔡小芳
南方科技大学深圳国家应用数学中心数字经济 – 金融科技研究中心副研究员

第六章

中盐金坛：中国传统贤文化与企业高质量发展

引言

2013 年，经中国盐业协会推荐、由中国轻工业联合会评定，中盐金坛盐化有限责任公司（以下简称中盐金坛）被评为中国制盐十强企业之一。迄今，中盐金坛已成为中国井矿盐生产企业中人均产值、销售额和利润名列前茅的企业。

中盐金坛的贤文化正好能够把盐的历史特征和中华优秀传统文化的精髓即"成圣成贤"的人格最高境界的追求非常巧妙地结合起来。贤文化就是要告诉企业全体员工，做企业实际上就是在完善自己的道德人格，在这个过程中，贤文化通过道德智慧的实践，自然而然转化成生产经营各方面的业绩，从而把企业生产做好，把经营管理做好，使公司的产品和服务真正为社会所认可，也获得社会对企业的认可、对企业的尊重。

中盐金坛所处行业与发展历程

（一）公司基本情况

中盐金坛位于江苏省常州市金坛区，前身是 1992 年成立的金坛市盐业化学工业总公司，2001 年改制，成为中国盐业总公司控股的国有中央二级企业。中盐金坛是国家食盐定点生产企业，是经国务院国资委和中国盐业总公司认可的行业标杆、中国优秀井矿盐生产企业之一。公司力行"敬天尊道，尚贤慧物"的贤文化价值观，推动科技人文的协同发展。

中盐金坛拥有世界先进水平的制盐工艺技术和生产装置，全年生产各类盐产品 500 万吨，"金坛盐"商标已获国家注册并享誉国际市场。公司是首家井矿盐省级高新技术企业，与南京大学等合作建立企业研究生工作站，设立江苏省博士后创新实践基地，建有国家级"博士后科研工作站"。

在职职工 559 人，硕士学位 83 人，博士 20 人（在站博士后 10 人），高级职称 32 人，本科及以上职工占比 51.5%。公司资产总额超过 34 亿元，营业收入 19.56 亿元，利润总额 4.79 亿元。

中盐金坛主要从事金坛盐盆岩盐资源的开发与综合利用，制盐生产工艺和技术处于世界先进水平，产品有散湿盐、食用盐、造粒盐、金属钠盐、肠衣盐、泳池盐、洗菜盐、自来水消毒盐、软水盐、一次盐水等，以及电力、蒸汽、压缩空气、回收冷凝水等。公司是欧洲盐业协会会员、美国盐业协会会员、美国水溶采矿研究协会会员，拥有全国第一批矿产资源开发整合先进矿山和首批国家级绿色矿山。

中盐金坛的盐产品氯化钠含量达 99.9% 以上，主要销往江苏、浙江、上海等地区的氯碱企业，基本覆盖了 300 公里销售半径内的化工企业，市场占有率达 40%；独立研发的"一次盐水"产品，投放市场后销售半径覆盖华东地区 200 公里范围内的化工企业。加碘食盐和高端盐进入上海市场，金坛盐产品远销日本、澳大利亚、马来西亚、新加坡、巴西、菲律宾、秘鲁、沙特阿拉伯、泰国、越南、俄罗斯、印度尼西亚、中国香港、中国台湾、韩国等 30 多个国家和地区，食用盐出口占全国出口总量的 30% 左右，成为卡夫、联合利华、雀巢、亨氏、恒天然等大型跨国企业的合格供货商，使"金坛盐"成为中国最优质的盐品牌之一。2014年，公司正式开始销售防冻除冰剂、医药用盐、畜牧盐等高端特种盐，并成功进入日本和欧美市场，成为中国特种盐产品的领跑者。如今，"金坛盐"已成为享有盛誉的中国优质盐的代表品牌。

（二）公司创新能力与行业地位

2007年，中盐金坛与中石油合作建成的亚洲第一座盐穴储气库成功注气，成为中国盐穴综合利用的领军者；2009年，中盐金坛获得"中央企业先进集体""全国轻工业卓越绩效先进企业"荣誉表彰；2010年，下属金赛盐厂被国务院国资委评价为"世界上规模最大、人数最少的一座现代化盐厂"；2010—2023年连续十四年入选江苏省常州市五星级企业；2011年，与德国搜空公司签约成立了国内首家声呐测量公司；2014年8月，公司所属金坛盐矿通过专家组验收，成为江苏省首家国家级绿色矿山；2012年，进入江苏省高新技术企业行列，成为中国井矿盐首家高新技术企业，并与南京大学、南京工业大学等高校合作建立了"江苏省企业研究生工作站"和"江苏省博士后创新实践基地"；2013年，经国家人力资源与社会保障部批准，建立了国家级"博士后科研工作站"；2015年，与清华大学电机系合作建立"卢强院士工作站"，同时拥有江苏省井矿盐综合利用工程技术研究中心、江苏省盐穴储气储能及井矿盐综合利用工程中心等多个研发平台。公司建立以博士和高级工程师为组长的科研团队，分别以基础研究、产品应用以及新品研发为方向开展各项研究。此外，中盐金坛曾获得中国专利奖及多项省部级科学技术进步奖，主持或参与多项国家标准或行业标准的制定。

2018年，中盐金坛入选由江苏省科技发展战略研究院发布的"2018

江苏省百强创新型企业"榜单。《江苏省百强创新型企业评价指标体系》主要从创新投入、创新产出、创新绩效、创新管理四个方面进行创新发展水平综合评价，进入榜单的企业一般都是自主创新能力强、经济效益好、行业影响力大、创新管理水平高的企业。中盐金坛成功入选该榜单，体现了公司较强的自主创新能力和行业影响力。

2001年9月，中盐金坛成为中国盐业总公司旗下的一员。几年来，中盐金坛无论在经济技术指标方面，还是在生产经营管理方面均名列制盐行业前茅。此后，中盐金坛连续多年被国务院国资委和中国盐业总公司评为中国盐业的"标杆企业"。下面是中盐金坛的部分荣誉和成绩：

- 被国务院国资委评定为"世界上单套制盐装置产能最大、人数最少的现代化盐厂"。
- 中国"一次盐水"产品的开创者和市场领导者，世界上最大的"一次盐水"生产企业。
- 中国第一个成功应用热泵技术制盐的企业，亚洲规模最大的"热泵＋盐硝联产"装置拥有者。
- 中国食用盐出口重点企业，国际市场中国高端盐品牌的开创者，"金坛盐"食用盐成为中国优质盐的代表品牌。
- 中国制盐设备维护保养最好、制盐能耗最低、循环利用自然资源最好的制盐企业，是中国井矿盐行业第一家国家高新技术企业。
- 亚洲首个成功实现盐穴储存天然气的制盐企业，建成亚洲第一座盐穴储气库。
- 中国首个建设大规模城镇燃气盐穴储气库的企业，首个利用地下盐穴空间建成压气储能电站并投入商业运行的企业。

中国传统贤文化作为中盐金坛的核心思想与战略之道

（一）敬天尊道，尚贤慧物

中盐金坛的企业文化，可以用八个字来概括它最核心的理念——"敬天尊道，尚贤慧物"。扩充一下，可以由"敬天尊道，尚贤慧物，民本顺信，贵和致远"四个条目组成，核心理念是"敬天尊道，尚贤慧物"。

"敬天尊道"实际上讲的是中盐金坛企业文化的"体"，"尚贤慧物"则是企业文化的"用"。也可以说"敬天尊道"体现的是企业的价值观，也是中盐金坛人遵循的最高原则，做人做事最根本的准则。"敬天"就是对大自然、对资源的敬畏和珍惜爱护。中盐金坛是一个资源开发型的企业，资源是企业的天，资源背后的大自然更是资源的一个持续发展的基础，所以"敬天"首先要体现为对资源、对大自然的一种敬畏心，用敬畏心来开采资源、开发利用资源，形成可持续发展的模式。

"尊道"就是做事情要遵守规律，要遵守原则，要遵守价值观。而且这个价值观、这个原则，一定要利国利民。中盐金坛的《贤文化纲要》里面也提到要责任为先，贤文化也来源于中华优秀传统文化，所以企业要遵循的最根本的道应该是天地大道，像《道德经》给我们指明的道。企业所有的行为都应该遵从中国文化，因为中国文化就是非常重道、尊道的文化。

当"尚贤"之体确立以后，不能悬空，不能是一个价值悬设，还要落地，还要体现在按照原则去做人做事，去进行企业生产经营，其中最重要的有两条：

第一就是要培养人。企业是一个社会组织，同时也是一个经济实体，聚集的是一群志同道合的人，所以企业有一个非常重要的责任，就是除了经济利益这个最基本的追求以外，更根本的追求应该是在生产经营当中，通过经济效益方面的努力，培养出公司倡导的有贤德贤才的一批贤人，一批君子，一批以尚贤为人生目标的、可敬可爱的员工团队，这是企业需要达成的最根本的目标。

第二是要慧物。企业是提供产品、提供服务的单位，中盐金坛通过开发金坛盐资源，向社会提供产品、提供服务，所以中盐金坛在提供产品和服务的时候，把企业对道德人格的追求体现在产品当中，也就是中盐金坛人常说的要把人品转化为企业的产品，转化为企业的品牌，通过产品和服务来达成企业能够惠及各方，惠及社会民族国家和社会大众，尽到企业的责任。

（二）从"以德为先"到贤文化

中盐金坛提炼"敬天尊道，尚贤慧物"的过程也是公司对企业文化思考和认识的过程。

通过对企业发展历史的回顾，我们可以发现中盐金坛在短短几十年的创业、发展过程中，所体现出来的精神，正好跟中国圣贤文化中追求"贤"的人格境界的精神高度吻合。1998 年，中盐金坛就倡导以德为先，以德治企，倡导做好企业先要把人做好。公司主要负责人根据自己多年的生产经营管理的经验，认为企业的生产经营过程，实际上就是公司全体员工的"道德智慧的实践过程"。虽然当时还没有明确提出贤文化，但是这种思考、做法跟中国古代士大夫追求成圣成贤的过程极其吻合。为什么用贤文化来概括？因为企业做的是盐，盐的本味是咸，盐用咸味来滋润和丰富人们的生活，为人类的物质生活、精神生活贡献自己的特殊价值。

《易经》里正好有个"咸"卦，本身就有教化天下的含义。中国圣贤文化，除了要求个人不断向圣贤的目标追求人格完善，还提倡教化天下，使天下万民都能够有这种道德风尚，也就是圣贤的这种追求能够普惠天下。而"咸"正好又是盐的本位、正位和最根本的属性，所以中盐金坛人就把"贤"跟"咸"这两个字从谐音连通起来，决定把公司文化取名为"贤文化"。

贤文化正好能够把盐的历史特征和中华优秀传统文化的精髓即"成圣成贤"的人格最高境界的追求巧妙地结合起来。贤文化就是要告诉企业全体员工，做企业实际上就是在完善自身道德人格的过程中，自然而然地通过道德智慧的实践，转化成生产经营各方面的业绩，从而把企业生产做好，把经营管理做好，能够使公司的产品和服务真正为社会所认可，也获得社会对企业的认可，对企业的尊重。

中盐金坛管理模式与高质量发展

（一）"敬天尊道"的管理模式与高质量发展

在《贤文化纲要》中，"敬天"表达的是中盐金坛对人类生存环境和自然资源的敬畏、感恩与珍惜；"尊道"指的是对发展规律的遵循与把握。打开中盐金坛的发展史，"敬天尊道"一直是其发展道路上的指南针："有限资源，无限循环"的发展理念、"三个一体化"的循环经济格局，特别是以"盐穴一体化"为切入点，探索岩盐资源的可持续开发利用，为我国盐行业的发展闯出一条新路。这些无疑是"敬天尊道"思想的生动诠释。

中盐金坛充满"敬天"思想特征的"盐穴一体化"发展之路，始于2003年中石油西气东输工程在长三角地区选址，建设起调峰填谷作用的天然气储备库，金坛以其独特的地理优势和丰富的盐穴资源吸引了专家的目光。

中盐金坛公司年轻的领导团队敏锐地抓住这一难得的机遇，顺势而为，积极主动配合开展盐穴的声呐测量工作，分析和判断金坛盐穴是否适合储存天然气。测量结果表明，金坛盐盆地质条件优越，盐层埋深适中，是存储天然气的最佳地下仓库。

公司领导当即拍板：配合中石油西气东输工程，开工建设盐穴储气库。2005年，工程破土动工。2007年，亚洲第一座盐穴储气库在金坛建成投运。

秉持"敬天尊道"的情怀，中盐金坛的探索和努力没有止步。利用盐穴储油、利用盐穴储气库建设压气蓄能电站发电，一个又一个的创新思路从企业领导人头脑中涌出。经过多年努力争取，盐穴储油的发展思路得到了国家能源局的认可，并写入了国家能源储备三期规划中，中盐金坛书写了我国岩盐资源可持续利用的新篇章。

2011年3月，在中盐金坛主办的国内首届盐穴综合利用国际学术研讨会上，公司主要领导提出：我国盐业发展必须转变观念，从单纯采卤制盐转向采卤造腔并重，实现盐穴一体化发展。

两年后的2013年5月，第二届盐穴综合利用国际学术研讨会在金坛举行。中盐金坛再次向国内同行和科技界呼吁：加大盐穴资源综合利用的研究步伐，把盐穴由隐患变成资源，继续为人类的生存发展做贡献。与会专家对中盐金坛的探索和实践成绩给予了这样的评价：中盐金坛公司作为中国盐行业的优秀代表，在探索岩盐资源可持续发展方面，为中国盐行业起到了很好的引领示范作用。专家们指出，由于盐穴的密封性和安全性好，是储存天然气、石油、氢气、压缩空气等的理想选择，利用盐穴宝库为人类服务，中国盐业大有可为。国家有关部门先后授予中盐金坛"首批国家绿色矿山"和"全国矿产资源开发整合开发先进矿山"的殊荣。《经济日报》《科技日报》《中国能源报》《中国经济时报》《中国国土资源报》《中国企业报》《中国石油报》等中央媒体专题报道了金坛"盐穴一体化"发展的成果和经验。

孔子说"德不孤，必有邻。"在中盐金坛公司的带动下，湖北、河南、云南等地盐穴储库建设加紧推进，全国多家井矿盐生产企业也正在积极探索盐穴资源循环利用和可持续发展的新路径。中石油、中石化、香港中华煤气、德国搜空公司，这些国内外志同道合者在共同推动这项有益人与自然和谐发展的事业，坚守一份责任，知行合一，持之以恒。

中盐金坛选择了贤文化，选择了"敬天"的发展道路。"敬天"就是敬畏自然，就是敬畏生命和人类自身。所谓"尊道"，就是尊重和遵循事物的发展规律，推动事物向健康的方向发展。

天地万物能立于宇宙中并充满生机，必有其所据、所依。《道德经》曰："人法地，地法天，天法道，道法自然。"天、地、人的存在，皆有其效法的对象，但均以"道"为依据，以自然为归宿。换言之，天、地、人的活动须遵循一定的法则、方式和规律，尊道而行方可长久。

《周易·说卦》说："立天之道曰阴与阳，立地之道曰柔与刚，立人之道曰仁与义。"天地之道、人道皆是道，都是人类必须敬畏和遵循的法则。故《周易·系辞》说："一阴一阳之谓道，继之者善也，成之者性也。"但"道"看不见摸不着，"仁者见之谓之仁，知者见之谓之知，百姓日用而不知"，如何尊道而行呢？《道德经》给我们以提示："道生之，德蓄之，物形之，势成之"，就是说，万物生于"道"，依靠"德"来养成，因此，抽象的"道"，落实到现实的层面就是具象的"德"，尊道者从贵德入手，以遵循人道为出发点，则思想行为可契合于天地大道。

中盐金坛对"道"的尊重和遵循，迈出的第一步是"多矿归一"，使金坛盐盆经济步入有序化发展的路径。

20世纪60年代末，金坛发现了优质、丰富的岩盐资源。这座江南小城沸腾了，贫穷的茅山脚下居然埋藏着"金坛子"！从1988年第一口采卤井在茅兴开掘，短短几年，方圆十几平方公里就有了9家盐矿，采卤井达26口，岩盐资源的开发利用处于无序状态。更令人担忧的是，为了生存，盐矿间开始了持续的压价竞争，一时间，盐盆经济危机四伏，宝贵的资源反而成了矛盾的导火线。

在利益的驱动下，乡镇小矿对岩盐资源滥采乱挖，置资源的可持续利用于不顾，不符合"道"；肆意压价竞争，导致区域经济混乱，也不符合"道"。金盐人清醒地认识到，如果不珍惜资源、不尊重市场规律、不敬畏企业伦理，金坛的盐盆经济将走入死胡同；对"道"不敬，必将承受"道"的惩罚。

1998年，中国的改革进入企业产权改革的攻坚时期。刚刚上任不久的金坛盐业化学工业公司主要领导人决定借助改革的东风，在金坛市政府的支持下，实行"资源整合、联合开发"的新路子，使盐矿开采走出无序和内部恶性竞争的状态，找到可持续发展的模式。1999年年初，公司首先和原登冠镇的金冠盐矿及省地质调查研究院的陈家庄盐矿，联合组成新金冠盐矿有限公司，迈开了资源整合、联合开发的第一步。2001年9月，中盐金坛盐化有限责任公司成立，"多矿归一"进一步提速。2002年4月20日，中盐金坛分别与西旸盐矿、岗龙盐矿、茅麓盐矿、直溪盐矿签订了采矿权转让协议，成功收购西旸、直溪、茅麓、登冠的乡镇盐矿，实现盐矿的统一管理，有序开采。

2002 年 9 月，中盐金坛、中盐上海盐业运销处、镇江市丹徒区荣炳盐矿共同组建盐卤销售有限公司，实现了金坛盐盆统一市场、统一质量、统一价格、统一结算的经营模式。

金盐人在"尊道"而行的过程中，开始收获"道"的回报：盐盆经济由无序走向有序，环境和生态得到保护，经济效益不断提高，发展态势进入佳境。2010 年，中盐金坛公司金坛盐矿被评为江苏省首家绿色矿山企业，并获得首批"国家级绿色矿山试点单位"殊荣。2014 年，金坛盐矿进入首批"国家级绿色矿山"行列。

如何才能使企业具备长久的生命力，这是每一个有责任感的企业家苦苦追寻的答案。《道德经》告诉我们："天地之所以能长且久者，以其不自生，故能长生。"无私，是天地能长生久视的奥秘，对于企业而言，不为私利、勇担责任，则可永续经营。这就是企业伦理，也是企业发展之道，尊道而行方能长久。中盐金坛研发"一次盐水"，一次又一次地推动盐水革命，为节能减排尽一己之力，所秉持的亦是无私的"尊道"情怀。

2006 年，太湖蓝藻事件爆发，企业对经济利益的追逐与国家节能减排政策的博弈成为国人关注的焦点。随着国家环保门槛的提高，因"三高"（高污染、高耗能、高耗水）而举步维艰的化工企业，尤其是氯碱企业，面临着关停并转的选择，要么转型发展以求生，要么等待消亡。

同年，中盐金坛公司在第一届全国氯碱行业盐水技术专题研讨会上，提出"一次盐水"的概念并介绍最新研究成果，呼吁氯碱行业适应隔膜制碱技术向离子膜制碱技术的转型，由使用固体盐向使用一次盐水转向，既节能又减排，可助推氯碱企业获得新生。

2007 年，曾经是氯碱行业明星的常州化工厂搬迁到金坛。此时中盐金坛一次盐水生产工艺技术已完全成熟，双方达成共识：筹建金东精制盐水公司，通过管道把一次盐水直接送至常州化工厂。从此，由制盐企业生产的一次盐水，慢慢成为长三角氯碱企业的新宠儿，悄悄地推进氯碱企业原料的"革命"。

截至 2014 年，金东精制盐水公司已走过了七年的历程。七年来，金东精制盐水公司先后进行过六次技术改造，一次盐水品质不断提升。从 CN 过滤器、膜法脱硝到第三代陶瓷膜过滤器，从淡盐水脱硝到精卤直接脱硝，金东精制盐水公司"尊道"发展的每一步都铿锵有力。中国工程院院士高从锴在鉴定会上指出：中盐金坛公司"双膜法液体盐制备技术"为国内首创，填补了国内该技术的空白，且处于世界先进水平，一定要加大对其的推广力度，促进我国盐业发展，为两碱产业提供更多优质的产品。金东精制盐水公司直接对卤水进行加工处理，减少了由卤水到固体盐的蒸发环节，节约了能源，七年来，累计节约标煤 60 多万吨。

节能减排，这是企业对社会责任的担当，也是"敬天尊道"的体现。勇担社会责任的道路上，镌刻着中盐金坛一批又一批志贤之士的努力和成绩。节约能耗，减少排放，积极构建资源节约型、环境友好型的和谐社会，这是中盐金坛公司立志追求的"大德"，也是金盐人立身处世的根本准则。

（二）"尚贤慧物"的管理模式与高质量发展

在中盐金坛的贤文化体系中，"尚贤慧物"表达的是金盐人对事功的追求。"尚贤"，表达了金盐人唯才是举、选贤任能的人才观，同时也指明了企业人才的成长方向——贤。而金盐人所尚之"贤"有两大特点，一是知行合一，二是修己安人。"慧物"之"慧"，则有智慧、惠益之意，"物"者"事"也，指事物、社会、国家、民族等不同层次的组织，也指个体的人乃至人类之整体。因此，"尚贤慧物"所指向的方面，涵盖了天地人"三才"，与作为本体的"敬天尊道"互相呼应，其中国文化的体用思维特征和"三才相通"的价值追求十分明显。如何从具体的事例中理解"尚贤慧物"？以下是金盐人的解释：

中国自古就有修贤育贤、选贤任能的治国理政之道，孔子将"先有司，赦小过，举贤才"作为治政的三法；文王访姜尚于渭水，刘备三顾茅庐请孔明，这些求贤若渴的故事流传千年。企业作为现代社会组织，其治理之方亦离不开贤才，传统的尚贤智慧，同样有益于企业的发展和基业长青。

中盐金坛在走过二十多年的成长过程后，对于"尚贤"的理解和思考，已超出管理的层面，进入文化价值观的高度，一方面以"尚贤慧物"为企业之责，另一方面通过"尚贤慧物"实现企业的价值。2013年9月18日，公司领导在"高层次人才座谈会"上说：在志贤的道路上，我们一直倡导"为天地立心，为生民立命，为往圣继绝学，为万世开太平"，虽然目标很高远，但这并不意味着我们无法达到，关键是我们要脚踏实地一点点做起。

"脚踏实地"，这四个字很贴切地形容了中盐金坛"尚贤"之路的特点。

2003年7月，23名年轻的大学生从高校毕业加盟中盐金坛。刚放下行装，他们就接受了参与建设一期60万吨真空制盐项目的任务。当时的一切——装置设备、工艺图纸、生产技术，对他们来说全是陌生的。23名大学生由公司党政办公室负责人带队，奔赴湖北、江西等地进行技术培训。两个月的异地培训，他们特别用功，休息时间都泡在培训现场反复揣摩。接着，公司又选派其中 8 名表现优异者远赴瑞士学习。

2004 年 4 月，试车开始了。从点到面，试车过程既紧张又琐碎。卤水净化、蒸发系统、脱水系统、干燥系统等，每一个设备、每一个阀门都需要进行现场调试，大学生们忙起来没日没夜，有的虽然家近在咫尺，却两个月时间没空回家，吃住在试车现场。

2004 年 6 月 20 日，经过两个多月的紧张调试，金盐人开工建设的国内首个年产 60 万吨真空制盐项目一次性开车成功。初出茅庐便立下首功的大学生们并没有沉醉在开车成功的喜悦中，他们继续摸索攻关，硬是把一期制盐刷罐频率从一个月延长到三四个月，有效生产时间达到一年 358 天，年产量从 60 万吨逐步提高到 95 万吨，创下了业内佳绩。

2010 年 11 月，在国内尚无成功先例的情况下，这批年轻骨干又一次担当起开车主力，将公司引进的二期热泵制盐项目一次性开车成功并顺利实现达产、节能的目标，带动中国真空制盐向热泵制盐的转变。从这时起，热泵制盐成为国家认可的新技术，在中国制盐行业中逐渐"热"了起来。

经过多年脚踏实地的创业磨炼，这批年轻的大学生，有的走上了中层管理岗位，有的成长为技术骨干、生产主管，他们中获得金盐之星、贤德贤才荣誉的更是不在少数。他们在"知之真切笃实处即是行，行之明觉精察处即是知"的实践过程中，不知不觉地向知行合一的"贤才"目标靠近。中盐金坛的尚贤者在为企业的发展默默地奉献着，他们的奉献凝聚成一股正能量，服务社会，惠及民生，推动着中国从盐业大国向盐业强国跨越。

金盐人由"尚贤"而"慧物"，不能不提及其所属加怡热电厂的社会责任管理经验与不凡业绩。加怡热电厂的社会责任管理从节能减排、建设现代化环保型热电厂入手，取得了显著的效果。

2008年下半年，加怡热电厂投资800余万元对#2、#3锅炉烟气进行脱硫处理。2007年和2010年先后斥资2000多万元，将两台抽凝机组改为背压机组，供热量和供热稳定性都有较大幅度上升；同时，还提高了机组的运行效率，每年可节约标煤38138吨，减少二氧化硫排放350吨。

2010年，加怡热电厂投资500余万元，引进石灰—烟道气工艺对卤水净化进行彻底改造。工程采用热电厂排出的烟道气进行卤水净化，不仅能有效减少电厂产生的二氧化碳废气排放，而且能提高卤水产品的质量，降低卤水净化成本，保护环境。该项目每年可减少二氧化碳排放11550吨。

2009年4月，加怡热电有限公司和南京中电联环保股份有限公司合作，处理盐厂制盐生产过程中产生的制盐冷凝水，通过处理后的产品水达到市政饮用水标准，实现了金赛盐厂冷凝水的零排放。该项目通过水资源的闭路有效循环，大大降低了水的消耗。

2012年，加怡热电厂完成集控改造，新建#5锅炉。2014年，完成脱硫、脱硝改造，二氧化硫排放浓度控制在 $5mg/Nm^2$ 以下，远低于国家要求的 $50mg/Nm^2$ 排放限值。按此计算，每年可减少二氧化硫排放量约400吨。电厂运行锅炉的氮氧化物排放浓度为 $75mg/Nm^2$，粉尘含量低于 $20mg/Nm^2$，每年将减少氮氧化物排放量约1000吨，减少粉尘排放量约700吨。

上述环保技改项目和工程建设，皆出于"义"的考量，而非"利"的驱动，在金盐人的文化理念中，企业不仅仅是为利存在，更是道义积聚的场所，企业的社会责任履行程度，决定企业的生命力和价值。

建设金坛区域能源供应中心是加怡热电厂造福当地的另一大惠民工

程。金坛是服装加工业重镇，全市共有包括服装类等企业 1800 余家。长期以来，这些企业一直自建锅炉供热，资源消耗大，环境污染严重，同时也给企业增加了负担。为保护一方碧水蓝天，2012 年，加怡热电厂提出建设金坛区域能源供应中心的计划，通过扩建供热管网，将热能源源不断地输送到客户企业，帮助小企业降低生产成本，解决资源消耗、环境污染等问题。经过多年努力，加怡热电厂的供热管网由 10 公里扩展到 28 公里，供热量由最初的每年 5 万吨增加到 2014 年的 170 多万吨，取代地方分散锅炉 105 座，取代锅炉容量 350t/h。目前，加怡热电厂的供热量已居常州市之首。实现集中供热后，每年可为金坛市节约标煤 2.5 万吨。

"上善若水。水善利万物而不争，处众人之所恶，故几于道。"中盐金坛的志贤者们推崇水的品德——奉献自己，助益他人，惠及社会，这是中盐金坛贤文化"义重于利"的必然选择。

专家洞察

1. 中盐金坛发布的"贤文化准则"具有鲜明的中华优秀传统文化特点

2013 年 8 月，中盐金坛《贤文化纲要》正式发布，这标志着公司二十多年的创业精神得到提炼和升华。中盐金坛贤文化的核心理念是"敬天尊道，尚贤慧物"八个字，在二十多年的创业、改革、创新、发展历程中，几代金盐人用勤劳的汗水写下了对这个字核心理念的注释，为解读八字核心理念的内涵提供了生动的案例。这八个字中，"敬天尊道"是贤文化之"体"，"尚贤慧物"是贤文化之"用"，体用一如，圆融无间。

2. 中盐金坛在贤文化管理思路下取得突出成绩

这些成绩包括：被国务院国资委评定为"世界上单套制盐装置产

能最大、人数最少的现代化盐厂"；中国"一次盐水"产品的开创者和市场领导者，世界上最大的"一次盐水"生产企业；中国第一个成功应用热泵技术制盐的企业，亚洲规模最大的"热泵＋盐硝联产"装置拥有者；中国食用盐出口重点企业，国际市场中国高端盐品牌的开创者；"金坛盐"食用盐成为中国优质盐的代表品牌；中国制盐设备维护保养最好、制盐能耗最低、循环利用自然资源最好的制盐企业，中国井矿盐行业第一家省级高新技术企业；亚洲首个利用盐穴储存天然气的制盐企业，建成亚洲第一座盐穴储气库；中国首个建设大规模城镇燃气盐穴储气库的企业，首个利用地下盐穴空间建成压气储能电站并投运的企业。

作者简介

吕 力　**中国管理模式 50 人＋论坛 2023 年度轮值主席**
扬州大学教授

第七章
秦川集团：企业家精神与高质量发展

引言

　　勇于担当、敢于创新、干事创业的高素质企业家是推动经济社会发展、振兴实体经济的重要力量。企业家精神与高质量发展密切相关，它们之间存在着相互促进和共同推动的关系。首先，高质量发展需要企业家精神的支撑。党的十九大报告中，强调了激发和保护企业家精神，鼓励更多社会主体投身创新创业。企业家精神包括敢于承担风险、追求卓越、勇于开拓等特质，这些特质能够推动企业不断提升产品质量、提高服务水平，从而促进整体经济的高质量发展。其次，高质量发展的实现也为企业家精神的培育和发挥提供了良好的环境。政府出台了一系列政策措施，以营造良好的创业创新环境、保护知识产权、减轻企业负担等方式，支持和鼓励企业家精神的发展。企业家在这样的政策环境下，更有动力和信心去创新创业，为高质量发展提供了坚实的基础和动力源泉。因此，可以说企业家精神与高质量发展相辅相成，共同推动着经济社会的持续健康发展。通过深入调研秦川机床工具集团有限公司（以下简称秦川集团）的发展历程和企业家精神，我们可以更好地理解企业家精神与高质量发展之间的紧密联系，以及企业家在推动经济社会发展中的重要作用。

公司简介与行业趋势

（一）公司简介

秦川集团前身为秦川机床厂，1965 年由上海机床厂部分内迁到陕西省宝鸡市，为国家齿轮磨床定点生产企业。1995 年作为国务院百户现代企业制度改革试点单位，完成公司制改革更名为秦川机床集团有限公司。2006 年至 2009 年，秦川集团将宝鸡机床、汉江机床、汉江工具等企业吸收整合。2014 年集团整体在深交所上市。2020 年，陕西省国资委将秦川集团 15.94% 的股份划转给法士特集团，法士特成为公司最大股东。目前秦川集团拥有 20 多家二级控股、参股公司，产品种类丰富，下游应用广泛。秦川集团以主机业务为引领，以高端制造与核心部件为支撑，以智能制造为新的突破口，立足机床工具行业，践行市场化经营、差异化竞争、跨越式发展理念，形成一体化发展模式，打造"国内领先，国际知名"的高端装备制造领域的系统集成服务商和关键部件供应商。

（二）企业所处行业的变迁

1. 机床行业迎来行业复苏，行业更新需求巨大

机床工业是整个工业现代化的基石，具有无可替代的战略价值。近年来，随着中国综合国力的快速崛起和全球产业链的价值重配，中国和西方发达国家之间的竞争已逐渐演变成新一轮科技和产业的全方位竞争。在这一背景下，通过国际贸易补足产业链上游、薄利多销抢占市场的发展模式已无法持续，促使政府部门和资本市场愈发重视具有自主研发能力的机床企业，从而使高端机床行业的价值愈加凸显。

机床产品的最佳寿命通常在十年左右，在 2011 年全球机床产值和消费量达到高峰后，整个产业已开始了新一轮的存量替换。海外机床产业链供应紧张，助推机床行业迎来快速增长。此外，我国当前正处于产业结构调整升级的关键阶段，高端制造业在经济中的比重将显著提升，高性能数控机床的市场需求将大幅度提高。随着国内国际双循环新发展格局和国内统一大市场的形成，支撑工业母机突破的研发体系、供应体系、政策服务、用户验证等多方面协同和支持能力也进一步提升。展望未来，随着新一代信息技术与制造业的深入融合，以及互联网、大数据、云计算和 5G 技术不断发展，中国工业母机将会向智能化、高端化方向快速前进。在增量替代与存量更新的趋势下，我国机床行业将会迎来巨大的发展机遇期，同时带动刀具、主轴、丝杠、导轨、转台、工装夹具以及数控系统等机床部件市场快速扩大。

2. 机床数控化率提高，国产高端装备需求加大

与普通机床相比，数控机床具有加工精度更高、性能更稳定、加工效率更高等优点，数控机床的使用率是衡量一个国家工业自动化水平的重要指标。2015 年以来，我国金属切削机床产量数控化率不断提升，2021 年数控化率为 44.90%。但与发达国家相比，我国机床数控化率仍较低，目前发达国家机床产量数控化率的平均水平在 70% 以上，产值数控化率在 80%~90%。我国工业结构的优化升级，对作为工业母机的机床的加工精度、效率、稳定性等精细化指标要求逐渐提高，中高端产品的需求日益增加。在此大背景下，中国机床市场的结构升级将向自动化成套、客户定制化和普遍的换挡升级方向发展，产品由普通机床向数控机床、由低档数控机床向中高档数控机床升级。《中国制造 2025》规划中明确提出，2025 年中国高档数控机床与基础制造装备国内市场占有率超

过 80%，高档数控机床与基础制造装备总体进入世界强国行列。因此，从机床数控化率看，我国数控化高端机床仍具备较好的市场前景。

（三）企业所处的行业地位

秦川集团作为中国机床工具行业的领军企业之一，在多个方面都有卓越表现，处于引领地位。其在齿轮加工机床、加工中心、车削中心、螺纹磨床、复杂刀具等领域处于国内第一梯队，产品品类丰富，精密复杂程度高，产业链完整。此外，秦川集团率先在国内建立智能机床创新中心，并成功推出第一代五款智能机床，引领着行业向智能化制造方向发展。秦川集团在产业链中的地位显著，旗下企业入选国家专精特新"小巨人"企业和省"专精特新"中小企业，显示了其在产业链中的重要地位和影响力。此外，秦川集团还拥有独立法人研发机构和国家级企业技术中心，积极参与国家重大专项项目，获得多项科技奖项，表现出其在科技创新和研发投入方面的强大实力和成就。综合而言，秦川集团以其产品领先、智能化引领、产业地位突出和科技创新等多方面的突出表现，为中国机床工具行业的发展做出了重要贡献，树立了良好的品牌形象和口碑。

（四）企业对行业与时代的洞察与贡献

1. 产品领先

秦川集团产品品类丰富，旗下企业汉江机床、汉江工具入选国家专精特新"小巨人"企业，沃克齿轮、秦川数控、关中工具等企业入选省"专精特新"中小企业，显示了其在产业链中的重要地位和影响力，这使得秦川集团在市场竞争中具有显著的优势。作为机床行业的龙头企业，秦川集团深刻洞察到机床行业在国家工业发展中的基础性和战略性地位，及其在推动制造业升级、提升国家竞争力方面的重要作用。面对新一轮科技革命和产业变革的浪潮，秦川集团敏锐地意识到数控机床作为关键技术装备在国家现代化进程中的重要地位，于是积极响应国家政策，加快了高档数控机床等前沿技术和装备的研发步伐。2022 年 7 月 19 日，陕西省工信厅公布了第一批陕西省重点产业链"链主"企业拟遴选名单，秦川集团被指定为数控机床产业链"链主"企业。

2. 智能化引领

秦川集团的洞察力和贡献还体现在其对技术改造和智能化引领的充分把握上。《中国制造 2025》中将高档数控机床列为十大重点领域之一，明确指出要加快高档数控机床等前沿技术和装备的研发。秦川集团率先建立智能机床创新中心，并成功推出第一代五款智能机床，引起业界巨大反响。公司在智能制造技术领域积极应用先进技术，包括人工智能、大数据分析、物联网等，将其融入数控机床产品中，不断推出具有智能化功能的机床产品，如智能数控车床、智能加工中心等。通过智能化的生产工艺和控制系统，实现机床自动化运行、实时监控、智能调整，从而提高生产效率和产品质量。在智能化引领方面，秦川集团通过应用智能制造技术、推出智能设备、研发智能化生产管理系统以及提供智能化服务和维护等举措，积极推动数控机床行业向智能化、高效化方向发展，引领着行业的发展潮流。

企业家的战略过程

（一）企业家的核心思想与改革路线

2019 年 10 月，陕西省国资委委派法士特董事长严鉴铂兼任秦川集团董事长，与法士特集团建立"秦川—法士特"协同发展工作机制，加快了产业链上下游的无缝对接，使法士特及其配套体系成为秦川集团新技术、新产品验证的高端基地，极大地助力秦川集团的发展。作为企业改革的重要领导者，严鉴铂董事长以抓牢全球产业结构和布局新机遇的思想为指引，勇于开拓企业新领域、探索新思路。他敢于创新产学研用合作模式，集中优质资源合力攻关，推动解决"卡脖子"难题和孵化"撒手锏"技术。他敢担当、善作为，善于察实情，有钉钉子精神，能够精心谋划和组织好生产经营工作，为企业的发展注入了强大的活力和动力。这种领导者的担当和决策，为秦川集团的战略规划和业务发展提供了有力支持，推动了企业向更高水平迈进，为秦川集团在行业中的地位和影响力提升做出了重要贡献。

1. 内部改革：优化人员梳理组织架构

以严鉴铂为董事长的新团队上任后，进行了一系列的改革，梳理业务、优化组织架构。根据秦川集团 2020 年年报，公司于 2020 年年初全面启动内部改革，具体的改革举措主要围绕人员调整、薪酬绩效改革、梳理组织架构等方面。人员调整上，公司对员工采取定编定岗定员政策，对干部进行了优化调整，集团中层以上干部精简率达 25.4%。在薪酬体系上，全面推行研发人员"宽带薪酬"体系，研发人员人均薪酬增长39%；一线员工实行"星级员工"薪酬制度，全面打通员工晋级通道，年度职工工资涨幅达 10%。在绩效体系上，推进实施全员 KPI（关键绩效指标）绩效考核体系，考核结果与员工薪酬发放、岗位调整、星级评价等直接挂钩。公司组织架构调整上，大股东更变为法士特集团；子公司业务有所变更，注销冗余子公司，新设秦川精密装备、秦川高精传动两大子公司，分别发展五轴机床、机器人减速器等核心业务。

2. 对外合作：与华中数控业务协同发展、与各大高校联合创新

2020 年 5 月 14 日，秦川集团与武汉华中数控举行战略合作签约仪式，华中数控作为秦川集团的战略合作伙伴，进一步深化与秦川集团的战略合作，全力开放数控系统和提升产品质量，并为秦川集团提供稳定的软硬件平台。在这次签约中，双方重点在数控系统开发和产品质量提升等方面展开合作。华中数控全力开放其先进的数控系统技术，为秦川集团提供稳定的软硬件平台，从而帮助秦川集团提升产品的技术水平和竞争力。通过深化合作，双方共同探索创新发展之路，共同推动数控机床行业的进步与发展。

此外，秦川集团还与西安交通大学、西安理工大学等 10 多所高校联合开展机床工具多项核心技术和产业化项目攻关，共建创新团队。以和西安交通大学的合作为例，西安交通大学与秦川集团共建"陕西高端机床研究院"，为秦川集团提供关键核心技术，研制开发了 1500mm 非球面、蜗杆磨床、数控磨齿机等系列产品，大大提升了秦川集团的产品研发水平和生产能力。

（二）企业的战略布局、规划与执行

在企业家的带领下，秦川集团强化战略布局，确立了"以主机业务为牵引，以高端制造和核心零部件为支撑，以智能制造及核心数控技术为突破"的发展思路和"5221"战略目标。"5221"发展战略是指，到"十四五"末，秦川集团实现机床主机收入、高端制造收入、核心零部件收入、智能制造及核心数控技术收入分别占到总销售收入的 50%、20%、20%、10% 的具体目标。公司坚定推进落实"5221"战略，矢志从国产机床龙头转型升级为覆盖面更广的高端装备制造业龙头企业。

1. 深耕现有市场，涉足新能源市场

秦川集团在市场战略布局上展现了明智的决策和灵活的行动，特别是在涉足新能源市场方面采取了一系列有力措施。

在现有市场上，秦川集团先从客户端出发，通过精准了解客户需求、全面盘活库存资源，以及加强客户关系维护和黏性的举措，确保了在现有市场的基础上实现增长。通过全面盘活库存资源，并采取台台必争、单单必抢的策略，秦川集团有效扩大了市场份额，保持了市场竞争的优势。同时，秦川集团重视客户需求，加强了客户关系维护和黏性，为企业未来的发展奠定了坚实基础。

在出口市场中，秦川集团通过加强协同，扩大业务网络化建设，成功打开了俄罗斯、德国等市场，并成功开发了德国风电铸件市场。这些举措为秦川集团拓展国际市场，提升了企业的国际竞争力。

新能源市场的增长窗口期的机遇，使得一大批龙头企业争先进入。秦川集团也是其中之一，通过进入新能源市场为自身的业务拓展提供了新的增长点，实现了市场份额的进一步扩大和市场地位的提升。这一举措不仅推动了公司的业务发展，也为新能源行业的发展贡献了积极力量。

2. 布局三大基地，定增加码新能源汽车产业链

秦川集团目前拥有三大生产基地，分别为宝鸡、汉中、西安基地。宝鸡基地是最大的机床生产基地，包括集团本部、宝鸡机床。汉中基地主要为汉江机床与汉江工具两家子公司。西安基地则依托秦创原创新驱动平台，业务包括集团研发与高档工业母机创新基地、智能制造与汽车精密齿轮转动件。

此外，秦川集团两次定增项目的实施，充分展现了企业家对市场变化的敏锐洞察和战略规划能力，也彰显了公司在高端智能装备领域的技

术实力和市场地位。首先，秦川集团向第一大股东法士特集团非公开发行股份，募集资金用于高端智能齿轮装备研制与产业化项目、高档数控机床产业能力提升及数字化工厂改造项目，表明了秦川集团对高端智能装备领域的重视，并在技术研发、产业升级和数字化转型方面进行了积极布局。这一举措有助于秦川集团保持在国内齿轮加工机床领域的技术与市场领先地位，同时抓住新能源汽车产线新需求，实现业务的持续增长和市场份额的保持。其次，秦川集团再次发布定增公告，拟募集资金用于西安、汉中基地四大项目，包括秦创原秦川集团高档工业母机创新基地项目、新能源乘用车零部件建设项目、新能源汽车领域滚动功能部件研发与产业化建设项目，以及复杂刀具产业链强链补链赋能提升技术改造项目。这些项目的实施将进一步巩固秦川集团在高端装备制造领域的地位，拓展新能源汽车领域的市场份额，并强化其技术创新和产业链竞争力。

3. 立足高端制造领域，发展核心部件领域

在高端制造领域，秦川集团展现了领先的实力和雄厚的技术积累。特别是国产 RV 减速机进入量产阶段，其在该领域内处于行业领先地位。通过不断突破关键零部件瓶颈工序，秦川集团的 RV 减速器已成功应用于各类工业机器人，从 5kg 到 800kg 负载范围内都有批量应用。年产能达到 6 万至 9 万台，2021 年销售量已突破 3 万台，国产品牌市场占有率为 20%~25%。2022 年上半年，RV 减速器的营业收入同比增长了 7.24%。

在核心零部件领域，秦川集团也展现出了强大的发展潜力。特别是在新能源汽车领域滚动功能部件领域，秦川集团有望实现对进口产品的替代。以滚珠丝杠副和滚珠（柱）导轨副为代表的核心零部件板块，集团计划在"十四五"末其占收入的比例达到约 20%。为此，秦川集团计

划投资 2 亿元用于新能源汽车领域滚动功能部件产品的进一步开发。基于既有技术和产品优势，结合汽车电动化、智能化、网联化发展趋势，秦川集团将实现产品的升级与产能的提升。

4. 建设基地项目，持续研发创新

根据《陕西日报》文章，2021 年 11 月，秦川集团与西咸新区签署了总投资约 10 亿元的秦创原秦川集团高档工业母机创新基地项目投资协议。该项目旨在集科技研发、孵化和产业化发展于一体，进一步强化陕西机床产业的创新链和产业链。该创新基地的建设将为陕西机床产业注入新的活力和动力，通过促进科技研发和产业化发展，推动机床产业向高端、智能化方向迈进。项目的开工建设标志着秦川集团在该领域的雄心壮志，秦川集团高档工业母机创新基地（一期）落成仪式在西咸新区沣西新城举行。该基地的建成，可以进一步充分发挥秦川集团"链主"示范引领作用，打造数控机床黄金产业链，推动秦川集团高质量发展迈上新台阶，助力产业转型升级，同时进一步加速陕西机床产业的发展，为陕西乃至整个中国制造业的升级提供有力支撑。根据《关于投资建设秦创原秦川集团高档工业母机创新基地项目暨签署投资协议的公告（20211109）》和《第八届董事会第十七次会议决议公告（20220921）》，秦川集团将旗下的西安技术研究院、秦川数控、思源量仪、智能机床研究院和装备公司五家子公司迁至秦创原，组建创新联合体。这一联合体专注于建设高端五轴联动数控机床及其关键功能部件产业化平台、智能制造及系统集成产业化平台。该项目还规划建设高端制造装备综合实验平台和中试基地，以及科技人员公寓和双元技能培训中心等配套设施。这些配套设施将为创新联合体提供必要的支持和保障，助力项目的顺利推进和运营。

除建设新基地外，秦川集团在研发创新上也展现出了明显的成果和领先优势，2021—2023年累计开发新产品和改进重点产品360项，申请专利110项，其中发明专利13项，获得专利授权共计51项。其中，秦川集团积极参与了国家科技重大专项，特别是"04专项"（"高档数控机床与基础制造装备"专项），通过深入研发，成功实现了五轴联动数控机床等高端机床产品的技术突破和初步产品化，打破了国外技术垄断，推动了国内高端机床市场的发展。此外，秦川集团在2021年完成了多项主机产品的研发，包括GVM2032高速五轴龙门加工中心、VMC40U高速立式五轴加工中心、QVTM120五轴立式车铣复合加工中心、SAJO12000五轴卧式加工中心等。这些产品不仅在技术上实现了突破，而且具有广泛的应用前景，为公司产品线的完善和市场拓展提供了强有力的支持。

管理模式

（一）运营模式

在新的企业家上任后，通过运营模式的创新，秦川集团实现了企业的亏损治理和内部管理改革，推动战略实施的有效落地。其运营模式的有效创新和改革体现在以下几个方面：一是聚焦主业优化资源配置，秦川集团夯实主业基础，逐步关闭、转让、剥离不良资产和与主业不相关的企业，实现了资本、资源、资产的高效聚集。这种聚焦主业的策略性调整，有助于降低企业的亏损风险，提高主营业务的盈利能力。二是战略管理模式明晰，秦川集团明确了战略运营管控的工作模式，加强对战略目标的执行和监督，确保战略的有效实施。这有助于确保企业在市场竞争中保持竞争优势，并实现长期发展目标。三是内部管理改革，秦川集团开展了内部管理的全面改革，包括组织结构优化、业务流程优化、内部控制完善等方面。这种内部管理改革有助于提高企业的管理效率和执行力，增强市场应对能力。四是中层干部管理创新，秦川集团创新了中层干部管理机制，通过重新竞聘上岗等方式，选拔和培养具有专业素养和领导能力的管理人才，以确保组织的灵活性和管理水平的提升。这些运营模式的创新举措有助于提高企业的经营绩效、降低风险、提升竞争力，实现可持续发展。

（二）人力管理

在人力管理方面，秦川集团实施了一系列办公改革，取得了显著成效。首先，通过数字化管理手段对中层以上干部进行精简，精简率达到了25.4%，使组织更加高效和灵活。其次，在薪酬体系改革方面，引入研发人员"宽带薪酬"体系，导致研发人员的平均薪酬增长了惊人的39%，这一成就得益于数字化数据分析和薪酬管理系统的应用，为员工提供了更加公正和透明的薪酬结构。同时，实行了"星级员工"薪酬制度，年度职工工资涨幅达到了10%，数字化绩效管理系统的使用有效地促进了员工的绩效提升和工资调整的公平性。另外，在绩效体系改革方面，全员KPI绩效考核体系的数字化实施为员工提供了更加清晰和可量化的绩效目标，并与员工的薪酬发放、岗位调整等直接挂钩，进一步激励了员工的工作表现。这些数字化办公和管理手段的运用，不仅提升了企业内部管理的效率和透明度，也为员工提供了更公平、公正的发展机会，推动了企业向着更高质量发展的目标不断迈进。

（三）引进数字化技术

1. 数字化的价值活动

从具体产业活动看，秦川集团在工业自动化和数字化生产线方面取得了显著进展，通过整合车床、加工中心、滚齿机、外圆磨床、磨齿机等核心工艺装备以及数控系统、丝杠导轨、刀具、减速器等核心部件，成功为客户提供了多达近百条的自动化/数字化加工单元及生产线。例如，为某公司开发的齿轮加工数字化生产线，配备了桁架机械手和地轨机器人实现自动化加工，同时配置零件在线测量系统和产线管理系统，实现对产品生产过程的质量数据采集和统计分析。另外，轮毂加工数字化生产线和齿轮加工数字化生产线也展现了强大的生产能力和高效的自动化加工技术。这些自动化系统展示了秦川集团在数字化生产线领域的技术实力和创新能力，为客户提供了全面的工业自动化解决方案，助力客户提升生产效率和产品质量。

从运营活动看，机器人减速器车间通过数字化车间顶层规划，精心实施了一系列数字化建设内容，全面提升了车间的运营效率和管理水平。在综合考虑长期经济性和短期适用性的前提下，分步实施了数字化建设内容，逐步提升了各项能力指标。通过对管理系统和运营系统的优化，实现了采购、仓储、销售、外协、生产管理等业务流程的透明化，大幅提高了业务运行效率，同时也降低了经营风险。借助集团的 ERP 平台，实现了端到端的流程梳理和规范化，使业务数据实现了实时共享，最终实现了生产的精细化管理。

宝鸡机床数字化车间一期项目，完成了程序管理、设备管理、刀具管理和生产管理四个关键模块。通过程序管理模块，实现了车间程序的上传、下载和机床端程序的调用与流程审批，显著减少了待机时间。设备管理模块实现了机床实时数据采集与状态分析，有力助力车间生产任务排程。刀具管理模块规范了刀具位置、数量、借用人的管理，提高了工具利用率。生产管理模块则实现了车间工单下发、签收、完工、送检等流程的打通，系统化管理了车间人员组织架构、设备台账信息、BOM（物料清单）数据管理、工时统计、生产进程等关键信息。

数字化车间二期项目，重点放在了质量管理、质量追溯和计划管理上。这些项目准确记录了生产过程中每道工序的完成情况和详细质量数据统计，实现了对任务工单的全程质量追溯。这一举措使得车间生产过程更加透明化，能够准确反馈生产进度和质量问题，及时跟进计划任务完成情况。这些数字化车间项目的实施不仅提升了车间的生产效率和质量管理水平，也为秦川集团在数字化转型方面树立了良好的示范。

除此之外，秦川集团在业务活动上运用物联网、大数据和云数控等关键技术，成功建立了智能数控机床网络化管理服务平台——数控机床云服务平台。该平台包括秦川云平台以及基于云平台的机床故障诊断与预警子系统、机床运维服务子系统。秦川云服务平台集成了大数据并行处理与分析挖掘计算框架，使通用计算机和移动设备能够进行数据可视化分析。它实现了机床多源异构大数据的实时采集、存储、传输和统计分析，为客户提供了有效的设备监控及预警、设备管理、设备跟踪等服务。该平台具备敏捷灵活的系统实施方案，为用户提供生产过程的全生命周期管理方案。它支持工业设备快速入云，并提供多种数据托管方式，同时，基于身份认证和权限管理机制，实现了数据安全访问。通过手机App，管理者可以随时随地掌握车间生产信息，助力企业构建服务驱动型的新工业生态体系。这一数字化转型不仅提升了生产管理的智能化水平，也为企业提供了更便捷和高效的管理手段，推动了企业向智能制造的新阶段迈进。

2. 数字化转型

从数字化价值活动的推进可以看出，秦川集团正在积极推进数字化转型，运用物联网、大数据和云计算技术建立智能化的数控机床网络化管理服务平台，实现机床实时监控、故障诊断和预警，同时优化生产流程和管理模式，全面提升生产效率和产品质量。通过数字化车间的建设，实现生产过程的全生命周期管理，包括生产计划排程、工艺管理、设备管理和质量控制等方面。积极推动智能制造和工业互联网发展，引入人工智能、机器学习等技术实现设备自动化、智能化控制，提高生产线的智能程度和自适应能力，同时探索工业互联网的应用，实现生产过程的实时监控和优化。这一系列举措旨在提升企业竞争力，适应市场需求，实现可持续发展。

企业未来展望

在优秀企业家的带领下，秦川集团扭亏为盈，业绩逐步增长。其发展战略持续聚焦于以主机业务为引领，以高端制造与核心部件为支撑，以智能制造为突破口，在机床工具行业中谋求差异化竞争和跨越式发展。这些战略的重点在于提升数控机床精度和可靠性，推动产品数字化和系统集成能力，同时聚焦机器人关节减速器等高端制造领域，加强自主研发和市场拓展。重点推进市场导向、研发体系建设、投融资工作、深化改革、人才引进与培养等方面的工作，以确保公司的长期稳健经营和高质量发展。

专家洞察

秦川机床工具集团股份公司前身是秦川机床厂，是 1965 年从上海内迁建厂的老国企，坐落于地级市宝鸡市，是以前"三线建设"落脚点之一。在近 60 年的历史长河中，把机床产业做到中国排头兵，成为头部企业，是一件非常不容易的事。

1. 注重人才保留

留住人才，对于地处三、四线城市的秦川集团来说是一大难题。世界上能够制造高精度机床的企业屈指可数，主要集中在日本和德国，秦川集团在这样一个塔尖市场去进行较量和竞争，留不住人才是很难走到今天的。秦川集团将情感留人、事业留人、文化留人与薪酬体系很好地结合了起来，持续强化员工（特别是技术人员）的工资水平增长劲头，使其长期、持续提升。秦川集团还为现已全国闻名的大国工匠建立工作室，如杨忠州国家级技能大师工作室；积极和宝鸡市政府沟通，解决优秀人才子女上学、就医等方方面面的生活问题，为优秀人才创造专心制造的时间和空间等。

2. 全员怀揣家国情怀

李克强总理来访时给秦川集团题词"装备中国，走向世界"。这句话既是对秦川集团的正面评价，也是要他们制造中国的工业母机并装备中国，走向世界。家国情怀，使秦川员工拧成一股力量，他们为了这样一个急需解决"卡脖子"问题的产业、为了这样一个产品集群努力奋斗，这种责任感、使命感，促使人才留得下，人才的光和热得以充分发挥，人才们的情怀丰富又饱满。

3. 技术沉淀和创新源源不断

机床工业的世界竞争，我国本身起步较晚，当下市场竞争激烈，但技术要求的是渐进式地变革和爬坡，容不得半点浮躁。秦川人有这样的毅力，他们坐得住冷板凳、忍受得了清苦，埋头研发，还建构了一整套的研发体系，形成了一套技术研发人员的激励和约束机制，特别是晋升机制，保证人才注新，技术不断升级。近年来秦川集团的研发投入均占总营收 5% 以上，这在工业制造业相当高。

从组织架构上，集团层面技术委员会掌管技术发展的战略，掌管重大研究方向，使得全集团的研究少走弯路。设立的中央研究院，研究整个研发的技术路径，以及资源投入的模式，实现了由集团到各个子公司，甚至到各个班组完整的技术研发体系，这就是秦川集团创新发展的"利剑"。

秦川集团有一种能力，能够快速将新技术融入产品的生产过程中，融合到管理过程中。他们把新技术运用到提供给客户的产品中，由只提供单台机床，到为整个流水线提供一整套数字技术、智能技术，实现了由单套设备向成套设备进化，由提供单一机床向提供具有供应链式的成套产品，把新技术真正运用到了产品制造中。

作者简介

谢志华　中国管理模式 50 人 + 论坛成员
北京工商大学原副校长、教授、博士生导师

白　鸽　贵州财经大学会计学院教师

第八章
南方航空：以数字化转型驱动全领域变革

引言

中国南方航空股份有限公司（以下简称南方航空）是中国南方航空集团有限公司控股的运输航空公司，总部位于广东省广州市，旗下各运输航空公司运营包括波音 787、777、737 系列，空客 A350、A330、A320 系列，中国商飞 ARJ-21 等型号客货运输飞机，航线数量、航班频率、市场份额均在国内航空公司中居于首位，旅客运输量连续 44 年居国内各航空公司之首。

南方航空是国内安全星级最高的航空公司，保持着国内航空公司最好的安全纪录，安全管理水平处于国际领先地位。2021 年被国际独立航空评级网站 AirlineRatings.com 授予最高等级"七星安全评级"。截至 2023 年 12 月，南方航空拥有客机、货机 908 架，连续保证 290 个月的飞行安全和 355 个月的空防安全，实现连续安全飞行 3000 万小时，2023 年率先在全行业获得中国民航"飞行安全钻石三星奖"。[①]

南方航空致力于建设广州、北京两大综合性国际航空枢纽。在广州，持续稳步建设"广州之路"（Canton Route），推动广州成为中国至大洋洲、东南亚的第一门户，服务粤港澳大湾区和"一带一路"。在北京，

---

① 数据来源：中国南方航空官方网站 https://www.csair.com/hk/zh/about/gongsijianjie/

作为北京大兴国际机场最大的主基地航空公司，运营着亚洲跨度最大的机库、亚洲最大的运行控制中心和航空食品生产基地。

南方航空着力打造以人性化、数字化、精细化、个性化、便捷化为特征的"五化"服务，为旅客提供"亲和精细"的一流服务；重点打造"南航 e 行""客户尊享""行李优享""中转畅享""空中服务 360""食尚南航"6 张服务名片；拥有"南航明珠俱乐部"常旅客奖励计划的会员超过 1 亿人。南方航空荣获 SKYTRAX 2022 年"中国最佳航司"奖；世界品牌实验室 2023 年航空公司"五星钻石奖"；连续 13 年获评中国品牌力研究航空服务业第一品牌；连续 6 年获评民航资源网民航旅客服务测评年度最佳航空公司奖。

南方航空以"让更多人乐享美好飞行"为企业使命，秉持"安全第一 客户为本"的核心价值观，大力弘扬"勤奋、务实、包容、创新"的南航精神，致力于建设具有全球竞争力的世界一流航空运输企业。

从 2000 年推出中国民航第一张电子客票，2005 年在广州白云机场首家推出自助值机，2009 年在广州推出国内首张电子登机牌，2016 年开具中国民航第一张电子发票，2017 年启用国内首个人脸识别智能化登机系统，2018 年发布"南航 e 行"正式启动"互联网 +"战略，直到如今，南方航空已经形成"云平台 + 双中台（业务中台、数据中台）"的数字化生态体系。

南方航空一直是中国民航领域数字化创新的先行者，多年来始终坚持以满足旅客需求为出发点，通过数字化创新服务旅客出行的管理与改革措施一直保持领先。

近年来，南方航空不断探索、创新数字化转型路径，以数字化转型驱动全领域变革，在顶层架构、基础设施和技术、组织和人才等方面蹚出一条创新大道，基本完成向"数字化旅客""数字化员工""数字化流程""数字化公司"转型的目标，其创新探索与变革经验值得业内外借鉴。

在业务方面，南方航空致力于建设数字化服务平台和生态圈，提升了管理效率和服务质量；在技术方面，南方航空打造了"云平台＋双中台"体系，同时近年来资金投入保持在总营收的1%左右，从底层基础设施支撑公司整体的战略转型；在组织和人才管理方面，除了培训、参访等传统方式，南方航空也通过制度设计鼓励员工参与数字化项目的建设，提升业务骨干数字化的能力，培养既懂技术又熟悉业务的复合型人才。

南方航空的数字化转型成果获得了多个行业大奖，如荣获 IDC 2021年度数字化转型未来企业奖，数据治理工作荣获 DAMA2021 数据治理最佳实践奖，"云 T"数字化人才培养项目荣获 2021 年度全国企业学习设计大赛金奖；同时入选"国有企业数字化转型典型案例"，荣获"卫星导航定位科学技术创新应用银奖"等。这表明其在数字化转型方面的努力和创新得到了权威认可。

从顶层架构将数字化纳入公司战略

党的十八大以来，党中央高度重视发展数字经济，强调推动数字技术与实体经济深度融合，不断做强做优做大我国数字经济。党的二十大报告再次强调，要"促进数字经济和实体经济深度融合"。这是党中央在深刻认识全球新一轮科技革命和产业变革浪潮下产业经济融合发展的内在规律、系统总结全球和我国数字经济与实体经济融合发展实践经验的基础上，准确把握数字经济和实体经济相互依存、相互促进的辩证关系，对中国式现代化新征程中发展数字经济和实体经济、构筑国家发展新优势做出的重大战略部署，为新时代我国促进数字经济和实体经济融合发展提供了根本指引。

（一）数字化转型对航空公司的影响

数字化转型对航空公司的运营管理有多方面的影响，例如利用数字化技术实现航班动态的实时推送，让乘客能第一时间掌握航班信息的变化；通过分析历史数据，发现某些航线在特定季节的需求波动，从而及时调整运力分配等。主要体现在以下六个方面。

第一，可以优化航班运营，借助大数据分析，更精准地预测客流量和需求，从而优化航班排班，提高航班上座率和资源利用率。同时实时监控飞机状态和飞行数据，及时发现并解决潜在问题，保障航班安全准点。第二，可以更好地进行成本控制。通过数字化供应链管理，降低采购成本和库存成本。同时智能化的能源管理系统有助于减少燃油消耗，降低运营成本。第三，能够有效提升客户体验。移动端应用让乘客可以随时随地方便地进行预订机票、线上选座、线上办理值机等操作，提升了机票订、退、改的便捷性，为乘客节省了时间。而基于大数据基础的个性化服务推荐和沟通，则可以提高旅客满意度和忠诚度，减少投诉。第四，员工管理与协作。数字化办公系统提高员工工作效率和沟通协作效果。航空技术发展迅猛，要求员工及时更新前沿知识，在线培训平台便于员工随时随地提升专业技能。第五，能够提高风险管理水平，进行更好的风险控制。利用数据分析更好地识别和应对各种风险，及时预警可避开或降低安全风险、市场风险等。第六，数字化可以为管理层提供决策支持。丰富的数据和智能分析工具可以为管理层提供更科学的决策依据。

（二）将数字化战略纳入公司顶层架构

南方航空深刻认识到数字化对航空运输业的重大意义，立足长远，统筹规划，从顶层架构将数字化纳入公司战略，全方位加快推进数字化转型。

坚持战略引领，明确着力构建消费互联网、产业互联网和社交互联网"三张网"，建设数字化客户、数字化员工、数字化流程、数字化公司"四个数字化"，通过创新永葆企业生命力；完善组织架构及机制建设，搭建内外部平台，提升全员数字化意识和能力；加快产业数字化，推动业务创新，打造南航生态圈，探索商业模式变革；设计并落地"一朵云（南航云）+一个数据中心（南航数据中心）+两个中台（数据中台、业务中台）+N个基于IT新架构的前端应用"的新一代IT架构，推行企业架构（EA）方法论，促进技术与业务的深度融合，夯实技术支撑。

建设顶层设计和统筹管理，以运行指挥、营销、机务等领域业务运营单位为试点单位，建立数字化转型适配组织，明确变革与创新、流程再造、业务共享、数据治理等数字化转型相关职能，为推进关键业务领域数字化转型提供组织保障；成立明珠创新工作室、人工智能重点实验室、民航维修工程技术研究中心，自主研发多项先进技术，协同流程、IT与数据，促进业务转型升级；连续两年将数字化转型相关项目纳入公司级硬仗，从根本上保障了数字化转型战略的有效推进。

（三）数字化创新成果卓著，业内领先

南方航空在数字化转型方面积极探索和创新实践，通过利用新技术

提升服务质量、优化旅客体验、提高运营效率，推动企业的发展。

在信息化与数字化领域，南方航空在民航业一直保持领先。从 2000 年推出第一张电子客票，到后来在业内首次推出网上择机、自助登机牌，到移动化之后率先推出南航 e 行，提供绿色飞行、按时用餐、App 的价格保障，确保全渠道价格一致等举措。手机选座、航班动态实时推送，行李全流程跟踪，都是围绕客户至上的理念去进行的。

以南航畅游系列产品为代表，通过数字化改革创新服务旅客出行，给旅客带来了意想不到的惊喜。例如，南方航空推出的随心飞系列产品每次一上架就被抢购一空，"畅游中国"产品按时间选择的不同组合划分成若干个层次的随心飞产品，让旅客可以在特定时段内自由选择多次国内航班；"畅游世界"产品则让旅客能够更加便捷地预订国际航班。畅游系列不仅激发了低频旅客的出行欲望，也吸引了一批高铁差旅用户，将其转化为南方航空常旅客。

基于畅游系列产品，南方航空还推出了一些与景区、酒店、铁路的联动。比如南航与国铁携手合作，推出"空铁联运"产品，整合航空出行上下游产业资源，为旅客提供航空出行全流程门对门的卓越服务。通过系统对接，旅客可在双方平台自由组合航班及铁路车次，一键下单，享受全方位一体化的购票体验。

5G 智能消息项目是 5G 消息在航空领域的场景应用方案，利用 5G 消息、智能客服、人工智能和大数据等技术，实现高效传递信息、个性化服务，提升旅客出行体验，打造全流程一站式服务平台，构建"南航生态圈"。

此外，南方航空研发的基于北斗导航的机场车辆人员调度平台 RPP

平台（南航资源人员监控调度平台，简称"RPP平台"）[①]，是入选国资委数字化转型的典型案例。该平台充分应用北斗定位、物联网、大数据、人工智能等技术，实现多维度监控跟踪、视频监控、可视通信、安全智能识别、数据交换等高质量基础服务，不断加大安全监督管控的时效性和覆盖面。

（四）坚持问题导向和系统思维

南方航空的数字化战略紧扣公司的整体战略，因为数字化转型本身不是目的，而是要支撑公司整体的战略转型。所以南方航空在推进数字化的过程中非常重视问题导向和系统思维。

2021年，南方航空董事长马须伦提出"五五六六"[②]的高质量发展总体思路，包括数字化、生态圈、客户记账等云平台，用数字化的技术去支撑"五五六六"的落地、发展。所以数字化的战略是承接"五五六六"的总体思路，下面分成多个IT的项目，通过IT项目来实施。通过IT基础设施有效地运营来支撑公司的安全、营销、运行、服务等后续业务整个的闭环，来提升公司整体的运行效率、服务质量、经营效益以及最基础的航空安全，从这几个方面开展数字化的工作，支撑公司的发展。

公司管理层意识到数字化转型是一个长效的工作，如果不能明确问

[①] 资料来源：南航RPP平台入选国资委数字化转型典型案例 http://www.caac.gov.cn/PHONE/GLJ_PHONE/ZNGLJ/ZN_XXGK/ZN_HYDT/202103/t20210308_206707.html

[②] 南方航空于2021年确定"南航高质量发展总体思路"，即"五五六六"战略思路：坚持五大发展，实施五大战略，推进六大行动，实现六大转变。其中，五大发展是指：安全发展，高质量发展，创新发展，合作发展，共享发展。五大战略是指：枢纽网络战略，生态圈战略，创新驱动战略，精益管控战略，品牌经营战略。六大行动是指：安全生产专项整治，深化改革重点突破，抓好重大战略机遇，对标一流管理提升，服务品质攻坚提升，五大结构调整优化。六大转变是指：由重速度向重质量转变，由相对单一产能向高相关多元化产业转变，由传统商业模式向数字化生态圈转变，由粗放型管理向精细化管理转变，由重计划管控向重市场运作转变，由全面拓展市场向重难点突破转变。

题的本质，数字化的投资很难见到成效，问题导向非常重要。同时，数字化转型本身是个系统工程，系统思维也同样重要。因为数字化转型要想成功，必须在战略、组织、人才、能力，甚至文化方面保持一致性。在数字化转型过程当中，南方航空多次强调以客户为中心，坚守以"为顾客创造价值、以客户为中心"的理念。这是企业家精神和企业家全局思维在南方航空数字化转型中的具体体现。

（五）建立数字化服务平台生态圈

"五五六六"的战略中就有建立南方航空生态圈的要求，所谓的生态圈就是要赚机票以外的钱，因为机票本身的利润是很微薄的，更多是作为流量的入口，能够给公司带来高质量的会员，围绕会员去挖掘其终身的价值。

在业务方面，南方航空致力于建设数字化服务平台和生态圈，提升其管理效率和服务质量。南方航空副总信息师黄文强表示，南航基本上按照数据能力成熟度的模型来推进数字化工作，从数据战略、治理、运营、要素流通、组织流程、制度、人才保障、技术平台支撑几大方面对数据管理的体系进行构建，制定未来几年的工作内容。[①]

南方航空数据管理制度的体系框架获得了中国电子信息行业联合会颁发的数据管理能力成熟度四级的认证，构建了一套体系、三大平台和N种应用的数据应用体系，奠定了大模型的基础，孕育了一系列数据产品。比如，面向旅客采取标签确认，对客户预警做了一些模型，围绕旅客购票出行全生命周期整合会员体系，提供多样化的会员权益和奖励机

---

① 信息来源：2023 年智慧民航发展论坛黄文强演讲 http://www.caacnews.com.cn/2023live/zhmhfzlt/20xxhltlm3/202310/t20231023_1371464_sj.html

制，增加用户黏性。利用大数据分析乘客行为和需求，精准推送个性化的服务和产品。同时开展线上营销活动，吸引更多用户关注和参与。面向航班，从航班保障资源、运行分析、运行安全分析进行标记分类。面向员工的数据中台，围绕员工的全生命周期管理，包括飞行员等的画像，全面了解飞行员综合飞行能力，进而实现飞行运行全流程风险管控，飞行训练因材施教，航班运行中人岗匹配等管理得到优化。

"南航 e 行"是南航面向旅客及合作伙伴打造全流程智慧化航旅服务平台的最佳应用实践。"南航 e 行"为旅客提供全流程一站式智慧化服务，包括机票预订、值机、选座、航班动态查询等，方便了乘客的出行，提升了服务体验，增加了用户黏性。南方航空 App 会员目前已超过 9700 万，累计下载激活量超过 1 亿，月活跃用户超过 500 万，位居国内航司第一。[①]

南航持续拓展"南航 e 行"生态圈，与其他行业的企业进行跨界合作，为乘客提供更多的增值服务，为此获得了世界互联网"携手构建网络空间命运共同体精品案例"、中国航协民航科学技术一等奖、全国交通企业管理现代化创新一等奖、工信部移动互联网应用服务能力提升优化案例等多项荣誉。

总的来说，南航在数字化服务平台和生态圈建设方面取得了积极的成果，为乘客提供了更便捷、高效、个性化的服务，同时也提升了自身的竞争力。

重视基础设施与技术

南方航空数字化战略和整个公司战略是相辅相成的，业务与技术

---

① 数据来源：《浦东观察》"南航 e 行"获评中央企业品牌引领行动首批优秀成果 chttps://www.jfdaily.com/sgh/detail?id=1321611

"双轮驱动"。南方航空非常重视基础设施与技术的投入，在技术方面，南方航空打造了"云平台 + 双中台（业务中台、数据中台）"综合体系，并持续多年投入高于行业平均水平的巨资，研发或引进全球前沿科技。

（一）打造"云平台 + 双中台（业务中台、数据中台）"综合体系

南方航空既定的策略是从 2018 年、2019 年开始系统性地做战略解码，从 2019 年制定了新一代 IT 架构规划，形成 IT 演进策略。引进企业架构方法论，强化从智慧愿景规划、业务架构设计、技术架构规范到项目实施落地的融合，促进技术与业务的深度融合。

南方航空借助数据采集和应用，进一步提升生产智能化水平，进而反哺业务，提升业务应对不确定变化的能力，形成良性循环。筑牢 IT 基础设施、网络安全以及算力的支撑，资源云化率达到 66%，数据中台已覆盖 16 个数据域超过 130 个系统的数据，业务中台已围绕航空安全、客户服务、市场营销、生产运行、综合管理等关键领域搭建 12 个能力中心，并基于业务发展持续扩充，以能力建设不断丰富和完善数字化场景解决方案，夯实了数据互通、系统互联的基础，确保管理快速响应业务创新的需求。

南方航空副总信息师黄文强介绍，云平台就是把 IT 的基础能力往云化方向去转移，在这个基础上打造业务跟数据双中台，也就是应用中台跟数据中台，把共享可复用的能力锻造到业务中台上去，把相关的生产要素、数据往数据中台上去集中，这也是云平台的基础设施加上 IaaS（基础设施即服务）、PaaS（平台即服务）、SaaS（软件即服务）这三个维度打造数字化的基础底座。基础设施在最下端，平台在中间，软件在顶端。

针对数据定义模糊、数据源冗余等痛点，南方航空组织编写业务流

程，规范数据基础管理，提升数据资产管理能力，夯实了数据管理基础。持续提供数据服务，通过 TAOIX（云机务平台）实现业务生产数据应采尽采，业务数据向数据中台汇聚，通过数据清洗，在数据中台呈现出用户可以自定义字段组合的飞机机队信息看板，为各类用户提供权威、统一的飞机基础数据。

优化可用性动态管理，结合 TAOIX 建设，南方航空对飞机可用性管理流程进行优化，针对痛点难点，以流程优化为核心，围绕"主动式"信息共享平台打造运行系统，建立纵向到底的可用性考核评价体系，实现可用运力从运行监控、考核实施的全流程管理，为当日运行决策提供数据支撑。

打造客户一站式出行服务平台，南方航空通过整合航空出行上下游行业资源，为旅客提供航空出行全流程门对门的卓越服务，推出 300 余项电子化服务，全面革新人工服务的旧模式，覆盖旅客出行的六大阶段，平台入驻商家 190 多家，实现积分与多产品自由兑换，为旅客提供打车、酒店等优惠券，涵盖吃、住、行、游、娱、购等旅客需求。

这些探索和实践使得南方航空在提升运行效率、提升服务质量、提升管理水平、推动绿色发展等方面取得了一定的成效。

南方航空的业务数据中台就是往共享可复用能力这个方面去建设的，现在 IT 的基础设施也是云平台的容器化、微服务化，从底座到中间的中台层面，能够把数据的定义、标准、流程、责任进行定义和优化。比如航班动态非常重要，是核心业务能力。以前这种能力不分享、不复用的话，就会造成数据不匹配、标准不统一的现象。如今从航班中心出来的航班动态是权威的，它就是核心的业务能力，运行部门就是重点打造好核心业务，让别的部门调用和复用这个能力。公司的业务数据双中台的战略就驱使要把类似于航班中心的这些核心业务中心打造好，把共享能力做好，然后再开放给其他的业务部门去统一使用，确保数据标准的统一、流程的优化，从而提升整个系统的效率。

（二）技术投入保持领先，采用全球前沿科技

南方航空非常关注先进技术的发展，重视让行业技术沉淀为自身基础的设施，为此不惜多年巨资投入。2019 年以来，南方航空科技创新和数字化转型投资年均增速 35%，其中 2023 年同比提升 58.3%，未来还将保持每年 30% 的增速。[①]同时近年来 IT 资金投入每年保持在总营收的 1% 左右[②]，即便疫情期间也未减少，从底层基础设施支撑公司整体的战略转型。

即便疫情特殊时期导致了某些航线停止运营，工作人员也在家休息，但南方航空 IT 的研发没有停止。很多传统业务转移到互联网上，从物理世界转到虚拟世界继续开展，按照既定的目标，把一线业务在线化、一线业务数字化。从这个角度出发，南方航空致力于把影响公司运行效率的核心节点在线化，让人工具备数字化的能力，或者说让员工拿着手机就能够把自身承载的业务通过业务数字化的方式赋予其能力，有能力利用数字化的手段继续服务客户。

南方航空总经理韩文胜介绍，近年来，南方航空全力打造广州国际航空枢纽，推动临空经济发展，发挥航空优势助力广州现代化产业体系建设。南方航空成立人工智能重点实验室、民航维修工程技术研究中心

---

① 数据来源：南方航空集团总经理韩义胜在 2 月 19 日举行的广州市高质量发展大会上的讲话 https://baijiahao.baidu.com/s?id=1791341213042108242&wfr=spider&for=pc
② 数据来源：作者南航实地调研

等创新平台，目前实验室承担国家级、民航局等科研任务经费 3.3 亿元。南方航空同时围绕 20 个"卡脖子"信息系统开展攻关，完成国内首个基于信创平台的大型航空公司飞行计划系统、首个民航维修领域 5G 专网，推进国产全动飞行模拟机研发，"超写实高等级视景系统关键技术及应用"获中国航空学会科技进步奖一等奖。

南方航空致力于建设新型数字技术基础设施，攻关数字关键核心技术。空地互联是实现空地协同，推进新一代航空运行、服务非常重要的基础，涉及 5G-ATG（5G 地空通信）云网建设、飞机机载设备、飞机改装成本、取证、卫星通信服务、地面互联网等多个环节。南方航空未来将联合有关科技企业，尽快共同实现产业核心技术攻关和自主可控，从而实现技术实施及推广，进一步丰富空地服务互联解决方案，释放产业链价值。

南方航空不断加强运行管控能力，在全球首家完成双发飞机越洋飞行、亚洲首家成功飞越北极点，在航班运行方面取得过诸多"第一"。其建设了成熟、先进、高效的运行体系支撑，率先联合开发的运行控制系统，改变了中国民航对运行控制的认知，极大提高了运行管理水平，航班正常率自 2016 年起连续 8 年在国内主要航空公司中名列前茅。

韩文胜表示，2024 年，南方航空将加大重大科技创新攻关力度，实现重大科技项目的突破。围绕信息技术产业、飞机维修与部附件制造产业、货运物流、融资租赁、绿色低碳、航空新营销、战新产业投资等领域，加大投资力度，助力广州建设北部增长极和临空经济示范区。构建航空公司 ERP 系统，实现航班计划到执行全流程的资源管理和高效协作，提升生产运行与要素资源的匹配度，助力广州国际航空枢纽做大做强。

另外，南方航空不断更新迭代"南航 e 行"，包括南航官方 App、微信小程序、网站，丰富跟客户发生接触的 App 和微信小程序，让客户更自主、不需要接触更多线下员工的基础上，能够通过数字化、在线化的方式购买产品、选择相应的服务。

（三）业内专设数据保护官

央企作为国计民生公益型的企业，国家更关注其网络安全，尤其是航空网络安全。所以南方航空的网络安全和数据安全也被列入国家的关键信息基础设施，根据国家要求按照等级保护、攻防演练对公司的数据进行保护。

南方航空针对数据定义模糊、数据源冗余等痛点，组织编写《管理机务数据标准》《管理机务数据质量》等业务流程，规范数据基础管理，提升数据资产管理能力。在进行数据治理工作的过程中，南方航空发现，无论是外部单位还是南方航空内部，都对飞机构型数据有着潜在的数据需求。基于这种需求，南方航空推动了飞机管理域的数据认责，明确数据"首问责任制"原则，组织认责构型数据 502 项，于 2023 年 12 月发布首版工程构型数据标准手册，并将相关标准同步维护到南方航空数据资产管理平台，理顺了数据"认责—立标—入册"的管理流程，夯实数据治理基础工作。为此，南方航空专业设立了数据保护官的岗位。按照国家关键信息基础设施来要求核心系统、周边系统的安全，包括员工的网络安全意识、员工使用个人数据的风险防范意识，都作为数据保护官重要的工作之一。

在其他航空公司，这项工作由法律部门担任。从数据应用、数据安全风险的角度，和以应用促安全、以应用降低风险的维度来考量，南方航空的数据保护官由公司副总信息师黄文强担任，黄文强表示："在用数字化去提升业务核心竞争力的同时，我们重点关注基础设施支撑业务是不是存在能力的问题，还有我们在运营中台过程中可能会存在个人隐私的风险问题，还有网络安全的风险问题，这都是我们高度关注的。"

在基础设施的能力上面，南方航空从传统的 IT 信息往云平台的 IT 信息方面发展，以私有云和公有云结合的方式确保数据和 IT 基础设施安全。

黄文强还建议推进行业数据中心，提出推进公共数据产品的开发和服务的建议，有一些不涉及企业商业机密的共性的数据是可以放到公共行业数据中心里面进行管理的，分享数据安全的情报，共同促进数据安全的合作。

同时，黄文强强调，要明晰数据的控制者和数据的处理者之间的关系和责任。当个人数据在电商平台和整个航空出行领域各个单位里面流转，谁是数据控制者，谁是数据处理者，都要有明晰的角色认定。比如旅客从购买客票开始到值机、安检、登机、到达目的地、结算还有事后数据分享，航空公司利用企业内部的数据资源做了很多数据产品，把常旅客数据脱敏之后进行标签化然后出售给通信公司，怎样在不泄露个人隐私的前提下把数据价值体现确认下来，就需要确认数据控制与数据处理的角色分工。在保证数据安全的前提下才能进行数据共享，数据共享都是以客户为中心，客户需要什么，就往这方面去考虑。对数据脱敏之后进行群体的画像，根据这个画像来制订航班计划、调配服务的资源，确保公司的运行效率和服务质量。

在组织和人才管理方面进行数字化转型探索

南方航空的数字化人才培养分为好几个层次，包括企业架构的完善，高管的培训、参访等传统形式，也包括通过制度设计鼓励员工参与数字化项目的建设，提升业务骨干数字化的能力，培养既懂技术又熟悉业务的复合型人才。

（一）完善企业架构

关于企业架构，董事长马须伦制定了数字化"五五六六"的战略，总经理韩文胜在组织流程制度方面要求公司高管、每个分子公司的领导每个月必须召开数字化相关的会议，每个月梳理一个流程，并尽可能把流程固化到 IT 系统里面。

（二）高管与基层员工培训

从高管到每年中青班的培训，从中层管理人员到基层员工，南方航空通过课程、通过参与数字化的建设去培养人才。南方航空做了好多期走进华为、走进腾讯等高科技企业的参访活动，通过走出去的方式，让管业务的高管们感受到外界的变化，让他们能够及时接受新的变化，从理念的提升到实操、架构、管理，做到同期、同步。

针对内部高管的培训，每年除了常态化的中青班培训，还有党组的学习、大课堂，都有相应的数字化相关的培训。

对于基层员工，南方航空也提供了线上和线下培训平台，让他们能够及时学习到数字化前沿的知识。

人员培训的核心还是通过参与数字化项目的建设来提升业务骨干数字化的能力，通过实践去提升是南方航空比较重视的，参与过或者主导过数字化项目的业务能够加分，没有参与过的就不能加分。业务员通过参与数字化的项目，能够得到业务和技术两方面的提升，这种人才培养方式对大家的触动和吸引力比较大，也卓有成效。

（三）重视数字化复合型人才培养，推出"云 T 人才"计划

在数字化转型过程中，对数字化人才的要求首先是要能够理解数字世界是怎么构成的。这对 IT 人才来说问题不大，但对业务人才来说，理解 IT 架构却是一个问题。

针对非 IT 的业务人才，南方航空推出了"云 T 人才"计划，以企业架构加流程管理，把业务从传统使用的模式往参与、主导业务流程再造的模式上转，鼓励员工去考证，获得企业架构师资格，通过企业架构让业务部门更加理解 IT 的架构。

在 IT 的架构满足业务部门需求的同时，慢慢地有很多 IT 人员到业务部门去交流、任职，有时候在 IT 部门成长起来的人更加理解业务是怎么构成的。比如 IT 人员去了营销部门，做南航 e 行的时候成立了电子商务部，电子商务部里面就有很多 IT 业务复合型的人才。后来又进一步整合，把电商部门、技术部门划回信息部门，有部分留在了营销部门，现在南方航空营销部门运营中台业务中心的很多成员大部分 IT 比较优秀，对业务理解也比较透彻，同时又懂技术。这些复合型人才稳步发展，在业务数据化、数据业务化方面就能融合得更快。

据南方航空科信部副总经理刘德江介绍，"云 T 班"现在已经办了两届，培养了两三百名人才。这些人才学企业架构、流程架构，他们来自不同领域，把他们分到不同的小组，沟通的时候，他们既有数字化的武器，又有对于商业模式变更的想法，能够碰撞出很多火花。"我们就把他们作为火种，让他们再回到各自的单位。人才都是选育用留，我们优选人才进行培育，然后让他们再回去。我们给每个单位都布置任务，让

云 T 人才回去带领团队完成任务，从而把这个人才选育用留形成一个闭环体系来打造。"

南方航空"云 T 人才"计划为南方航空数字化转型提供了有力的人才支撑。首先，通过有针对性地培养具备数字化技能和思维的人才，确保在推进各项数字化项目时有足够的专业人力保障。其次，有助于提升公司整体的数字化素养。参与计划的人才可以将新的理念和方法传播到各个部门，带动全体员工对数字化的理解和应用水平的提高。再次，能够加速数字化项目的实施进程。专业人才可以更高效地开展工作，解决数字化过程中遇到的技术难题和业务挑战，推动数字化转型更快取得成果。例如，在开发新的数字化客户服务平台时，云 T 人才可以运用其专业知识确保平台的稳定性和功能性；在优化航线运营的数字化流程中，他们能运用先进技术提升效率和精准度，这些都对公司成功实现数字化转型至关重要。

南方航空借助云 T 数字化人才培养项目，培育既懂业务又懂技术的复合型人才；完善激励机制，出台科技型企业股权激励、科技创新成果转化中长期激励等制度，充分激发员工推动数字化转型的积极性、主动性、创造性；搭建数字化转型交流平台，通过南航创新挑战赛、数智之光创新沙龙、明珠创翼创新论坛等，营造数字化转型的文化氛围。

南方航空数字化转型的未来方向——弱人工智能化

飞机作为航空公司最重要的生产资料，其基础数据具有种类复杂、来源多样等特点，开展治理工作尤为迫切和紧要。近年来，南方航空积极推动数字化转型，开展飞机域数据治理，优化数据管理流程，高效推动相关工作，探索数据新质生产力。

南方航空的数字化转型按照"云平台＋双中台"的战略路径一路走来，未来五年按照国资委的要求，在做到自主可控的前提下，将往弱人工智能化方面去开展。

最近两年 ChatGPT、AIGC（人工智能生成内容）也是南方航空在考虑的，整体来说，是从以前部门级 IT 封闭的应用到网络化服务，再到当前数字化阶段。到了数字化阶段，数据成为关键要素，要达到数据的资产化、数据的资源化，按照国家的数据要素化的要求，还要走数据的资本化。从数据的资源化到数据的资产化，到最后的资本化，还有很长的一段路要走。目前南方航空主要是在数据的资源化方面不断去加强数据的治理。

南方航空在以数字化发展保障航空安全、提高运行效率、提升服务质量、推动绿色发展、支持抗灾救援等方面收效显著，以数字化转型开启高质量发展新征程，不断向世界一流航空运输企业目标迈进。

专家洞察

南方航空是中国南方航空集团有限公司控股航空运输主业公司，安全管理水平、服务保障能力国际领先。

南方航空是中国民航领域数字化创新的先行者。近年来，南方航空不断探索、创新数字化转型路径，以数字化转型驱动全领域变革。南方航空的数字化管理与变革，在其顶层架构、基础设施和技术、组织和人才等方面尽数体现。

在业务方面，南方航空致力于建设数字化服务平台和生态圈，提升了管理效率和服务质量；在技术方面，南方航空打造了"云平台＋双中台（业务中台、数据中台）"体系，同时近年来资金投入保持在总营收的 1% 左右，从底层基础设施方面支撑公司整体的战略转型；在组织和人才管理方面，除了培训、参访等传统方式，南方航空也通过制度设计鼓励员工参与数字化项目的建设，提升业务骨干数字化的能力，培养既懂技术又熟悉业务的复合型人才。

南方航空在数字化转型的过程中意识到，数字化转型需要注重数字化战略和企业整体战略的协调，坚持以客户为中心的理念，为顾客创造价值。数字化转型本身不是目的，而是实现企业高质量发展的手段之一。基于此，南方航空在数字化技术的应用上始终遵循问题导向和系统思维两个原则，将业务和技术结合，双轮驱动。技术与业务部门合作，能更好地发现问题、识别当前的用户痛点。比如南方航空将数据脱敏后，为业务部门提供用户画像和分析，提高了整体的运行效率和服务质量。

业务和资源共享也是数字化转型的一大难点。南方航空通过业务和数据双中台设计，将业务进行抽象沉淀与整合，在技术上提供快速响应和创新的支持；同时通过建立通用模型，提高共享可复用能力。这种系统思维指导下的资源共享化和能力平台化，能够让企业数字化能力不断自我迭代，而不是成为成本的黑洞。

作者简介

曹仰锋 **中国管理模式 50 人 + 论坛成员**
香港战略创新研究院院长

马旭飞 **中国管理模式 50 人 + 论坛成员**
香港中文大学商学院副院长、终身教授

第九章

曦强乳业："轻"装猛进的低成本数字化转型新路

引言

安徽曦强乳业集团有限公司（以下简称曦强乳业），位处四线城市淮北，前身是淮北市奶牛场，是一家涵盖饲草种植、奶牛养殖、乳品加工、物流、销售等各环节的全产业链企业。曦强乳业秉承"以市场为导向，以客户为中心，以食品安全为基础，以产品溯源为保障"的管理理念，利用低代码数字技术，在未引入外部人才的情况下，仅用了五年时间，几乎零成本，独立自主地完成了数字化管理和全链路溯源，让每一杯牛奶的全过程都变得透明。2022 年世界制造业大会互联网专场上，这家小乳制品产销商正式发布了其创新设计的全链路溯源管理平台，并被 860 家企业运用，它居然干成了系统开发商的活。目前，曦强乳业已实现低代码应用场景超过 550 个，年沉淀数据量超过 700 万条，数字化助力营业收入提升300%，降低运营成本近千万，用工减少 44%，600 多个奶站系统运维效率提升 70%。未来曦强乳业将进一步推动数据治理，打造智慧服务型工厂。

"二代"登场：以数字化消除管理痛点

2017 年，正在国外从事工程设计工作的王昌岭突然被父亲召唤回国，接替管理曦强乳业的重任。他有些茫然失措："虽然公司是我们家的，但我很少过来，经常两三年也不来一趟，我对这个企业什么都不知道，我本人也不懂管理，更不懂养牛，这工厂到底要怎么管，我根本不知道。"但考虑到父亲和小姑为这家工厂付出了 15 年艰苦卓绝的努力，一旦被收购，80% 的员工都会被辞退，王昌岭决定试一试。于是，他在父亲"责任是领导的象征"的殷殷嘱托下，接过了企业发展的接力棒。

进入公司几个月后，他开始察觉到管理中的诸多问题。企业管理粗放，各环节都处于传统的人工模式。产业链条很长，从饲料种植到乳制品完工，中间环节超过几十个，每个环节都需要人工审批，审批不及时会耽误生产和销售。作为总经理，王昌岭每天被各种需要审批的纸质文件包围，被排队等候的员工催促着签字，他抱怨道："我的办公室基本上天天门庭若市，都是找我签字的，一天到晚非常忙，这让我根本无法专注于企业更高层面的管理，我是来当签字员的！"从员工的角度来看，企业过度依赖人力。由于牛奶的保质期短，公司采用"以销定产"模式，600 多个奶站通过电话报量，由人工记录汇总，来指导生产。每个奶站奶品数目平均多达十几种，临时变动报量也很常见，报量高峰期常出现电话占线、报量不准确等问题，造成生产混乱，生产过多或不足都给企业带来损失。负责报量统计的人员抱怨道："我们每天早上七点半开始不停地接电话，最短两个小时之内都没有喝水的工夫，生产车间的人也会催促我们抓紧完成报量，压力很大。"

另一方面，传统信息系统价值不高。作为一家全产业链企业，公司曾采购过定制化 ERP、零售 POS 等 15 套系统，但这些传统软件无法实现移动端操作，ERP 系统受端口数量限制，王昌岭无法及时获取企业生产和经营的数据，"因为每多开一个端口需要 2 万元，每年升级改造费用也不低，所以公司只用了 4 个端口，内部常常打电话沟通，你那边用完了赶紧下来，我再用。"这些系统的实施成本不低，但并没有带来大的效率提升，反而因烦琐的操作让员工叫苦不迭："用得实在太痛苦了。"使用不便，系统维护也很困难，几套系统运行并不稳定，时常出现问题。公司唯一的 IT 人员张河基本天天骑着摩托车，奔跑在各个站点之间维护系统，最多的时候一天要跑 100 多公里。

公司管理寸步难行，而此时数字化浪潮正风起云涌。接受过系统高等教育、具有开阔视野的王昌岭看着眼前与数字化严重脱节的公司，一种不生即死的危机感瞬间袭来，"国家发展的速度很快，很多业务模式和形态都在发生变化，如果数字化这一步我们跟不上，有可能步步跟不上，后期 AR（增强现实）、物联网都跟不上了，最后我们可能被这个时代淘汰到渣都不剩"。同时，从解放老板、员工、生产力的角度来看，数字化转型也势在必行。

得窥门径：智选低代码突围

锚定数字化转型的目标后，"怎么转"的难题又横亘在王昌岭眼前，他发现："作为一家中小企业，曦强乳业数字化起步的底子太薄了。"其一，人才匮乏。淮北曾被列为第二批资源枯竭型城市，近几年外流人口数量居高，其中不乏高端人才，这使企业陷入人才资源紧缺的困境。公司财务、销售、生产、采购等岗位人员的教育背景普遍不高，有些奶站的经营者甚至超过 70 岁，而引入 IT 人才更难如登天。其二，财务资源有限。乳制品行业竞争白热化及贸易摩擦，导致燕麦草、苜蓿草等进口原材料价格上涨，企业需要将有限的资金投入到日常运营，这极大限制了数字化的资金投入。其三，信息技术基础薄弱。ERP、零售 POS 等系统与公司日益变更的运作需求不匹配，系统功能的有效利用率仅 10%，王昌岭表示："小工厂的老板有可能一天一个想法，因此小工厂变化速度特别快，大的软件公司很难适应。"公司多套系统各为一体，常出现流程断点，数据也相互割裂。王昌岭明白："如果还按照传统企业的高投入、长周期、复杂转型方法来解决数字化问题，不仅不适用，并且太难见到成效，会像驴拉磨一样，反复在磨道上转，没有转到头的时候。"

严峻的现实倒逼王昌岭摒弃路径依赖，谋求新的出路。他执着地奔走于各大数字化服务商和样板企业之间，偶遇深圳氚云网络科技有限公司[①]（总部：深圳奥哲网络科技有限公司）。彼时，氚云刚刚起步，是一个面向中小企业提供低代码开发工具的一站式平台。"低代码"的概念第一次叩动了王昌岭的心弦——这是一种通过可视化界面和预构建组件，以拖拉拽图形的操作方式，减少代码编写量，旨在简化和加速创建应用程序的软件开发工具。

王昌岭反复论证和推演，以确保低代码应用的可行性，发现了四个显著优点。一是对使用者技能要求低。公司财务、生产、销售等部门的人员，也能基于对业务流程的理解，通过拖拉拽的方式参与应用程序开发，不需要向外引入技术人才。二是使用成本低。相较于动辄上百万元的成熟软件产品，氚云低代码平台 7 年的长期使用费仅需 20 余万元，加之淮北市政府的补贴，几乎可以零成本使用低代码。这与王昌岭"尽量以少花钱或不花钱的方式解决当前数字化问题"的理念契合。三是应用开发速度快。在"二代"火速接班的背景下，低代码是老板线上管理企业、迅速了解业务运作全貌的有效工具。它轻量级的开发方式，使应用更新能够跟上业务变化。四是轻松实现一站式管理。低代码通过简单的

---

① 现用名：深圳决招网络科技有限公司。

表单关联，将各个应用互联互通。

尽管公司是氚云初创期的第一批试点客户，但王昌岭认为这样门当户对的合作关系才能持续性相辅相成，"我们一般不谈大厂，太贵了，也得不到重视。氚云刚起步，相对优惠，还能提供陪伴式服务。它和钉钉也是深度融合的合作伙伴关系，这能为我们未来融入阿里生态创造条件"。谋定而后动，曦强乳业作为中小企业基于低代码平台进行数字化转型的试水者，正式开启了一场破除定式、大刀阔斧的转型之路。

第一次革命（2017—2020 年）：从零开始迭代

（一）试点坎坷但最终成功

王昌岭决定选择从最核心的一块业务开始，以点带面。从解决最大的痛点问题出发，能够不浪费极其有限的资源，产生显著效果，激励士气。他对企业管理问题进行扫描后，认定"报量难"直接影响生产，是制约运营效率提升的关键。负责报量统计的人员迫切想要改变工作现状，负责人卢主任回忆道："当时我们有三个人负责报量，每天不停地接打电话，我一度听到电话声就很紧张，同时还要统计数字，手工汇总后交给生产，简直分身乏术，真想从中解脱出来。"卢主任等中层管理者也愿意尝试新鲜事物。

最关键是评估报量的业务流程可以在低代码平台实现。2003 年，某公司耗时 8 个月为曦强乳业定制化开发了一套本地部署的系统，包括报量功能模块，但因不能实现移动端报量，无法确保报量时效性，又因为每年 36 万元的运维费用，该功能模块始终没有用起来。曾体验过该功能的 IT 人员张河念念不忘其优势："我一直在探索用什么途径可以不花钱、快速地让大家使用这个功能。"他尝试使用钉钉的导入导出，将奶品信息从该系统中一次性导入钉钉，并通过修改和调整钉钉日志功能，实现移动端报量。但新的问题接踵而至，钉钉只有表单，做不了报表，无法实现统计分析。而低代码平台不仅提供大量预构建组件、模板和可视化工作流设计器，可以快速重构报量应用系统，同时支持移动应用开发，并允许用户选择数据源和图表类型，通过拖拉拽方式创建动态的数据分析仪表板，完全能够替代和优化原系统。综合分析管理的优先级和项目实施的可行性，王昌岭决定以解决报量问题作为试点。

氚云派来两位技术人员驻厂，票据单子满满堆在开票室里，他们自己取拿各种所需的单子，仅用一周时间，就以拖拉拽方式将原报量系统在低代码平台上搭建起来，并自信地对王昌岭说："明天就可以把机房的服务器给停掉了。"第二天早晨7点，服务器准时停掉，但搭建的这套系统根本运作不起来。张河回忆道："当时公司整个系统崩溃，报不了量，生产也做不了，产品也发不出去，公司上下哭爹喊娘。大概持续了两个小时后，我们挺不住了，又把服务器打开了。"两位技术人员束手无策，张河一怒之下将系统瘫痪的惨状拍成视频发送到氚云的全国服务客群里。当天下午两点，氚云增派专业技术人员火速到达现场支援，又用了13天时间优化，系统终于运作起来了。

然而，在上线初期，各种问题层出不穷，系统时而崩溃，公司一度又回到了电话、微信、纸条报量的传统方式。但王昌岭选择低代码的决心坚如磐石："开弓没有回头箭，与氚云的合作困难重重，但这个婚结了就不能离，有问题就解决问题，对人要有包容之心，对系统也是，系统运行的背后是一个组织，几百号人在上面，出错是难免的。"之后，他多次赴深圳奥哲总部寻求解决问题的方案，甚至投诉到奥哲当时的股东阿里，倒逼氘云多次派团队前来调研和优化。王昌岭百感交集道："这个过程虽然漏洞百出，但是一点点在修正，也在催着氘云进步。虽说该吵吵，该闹闹，但是打出来的感情更实惠。"最终，在氘云的技术支持下，曦强乳业靠着打补丁的方式，逐渐实现平稳运作低代码搭建的这套报量系统。

虽然低代码重塑报量系统的道路坎坷，但效益显著。奶站提交报量后，系统能够自动汇总，并计算产品的载体包括周转箱、瓶，以及产品的配方，生产车间直接调取数据，即使报量数临时变动，也能够保证数据准确性。负责报量统计的人员从 3 人缩减为 1 人，曾经负责报量统计的卢主任被调至工会部担任主席，他如释重负地说："目前报量几乎不需要人工，拿着手机汇总就可以了，彻底把我们从报量的环节解脱了出来，我坚信王总的选择是正确的！"基于低代码平台围绕业务的数字化转型首战告捷，也让王昌岭吃下"定心丸"。

他仔细分析氘云的其他客户案例后表示："氘云刚起步，之前没有做过工厂，他们的步子很简单，采用快餐式的拖拉拽方式搭建应用。人家甚至都用不到企业，交一两万元钱，在线上给企业开个账号，拖拉拽布置一下，工作即宣告完成，但最终失败的也有很多。"回顾氘云技术人员初到时的情景，他们没有花时间去了解原报量系统的运行逻辑，而是简单地复制了这套系统。张河补充道："项目初期没有对应用场景进行深入了解和调研，也没有对实际的工作流程进行合理分析和评估，最终照猫画虎地搭建系统，并不能真正满足需求，人家那套 8 个月调研和开发的系统是有内涵的。"事实上，报量系统背后有着复杂的业务逻辑（见图 9-1），其背后涉及关于信息流、物流、资金流等公司三分之二表单的复杂联动，任一环节出错，都有可能造成系统崩溃。

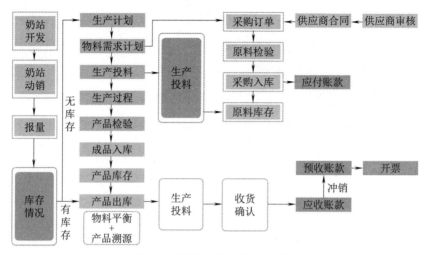

图 9-1　曦强乳业报量系统业务逻辑

　　此时，张河对低代码技术也有了更清晰的认识："千万不要以为低代码就是简单的拖拉拽，关联性极强的复杂应用绝对不是拖拉拽就能实现的，需要梳理和理解应用的需求、设计逻辑、过程中的判断和计算，甚至还需要一些计算机语言和自定义编码。"同时，王昌岭也意识到，在使用低代码搭建应用时，不能过度依赖外部技术服务商。不仅因为这样会产生高昂服务费，还因为他们不懂业务，搭建的应用不能很好地匹配业务需求，会造成不少的后期维护和变更成本。他表示："我虽然对工厂什么也不懂，但我们员工有的是两口子、两代人、三代人都在这个工厂工作，他们更了解工厂的业务，数字化转型关键得靠他们。"

（二）分层塑造认知，全员数字化

　　王昌岭明白，人的转型是一个缓慢的过程，要留出适应和学习的时间。面对多样化主体，不能采取一刀切的方式，需要考虑内部不同层次员工的反应，采取有针对性的措施促进全体组织成员转型。从横向上看，根据"是否想要改变工作现状和解放自己"，员工就包括"迫切改变者"和"非迫切改变者"，再从纵向上看，又包括基层、中层和高层。

报量统计人员作为早期"迫切改变者"，在亲历试点项目后发现，"数字化只是转换了一种工作方式，新方式不仅能降低工作强度，还能减少出错的概率"。他们工作效率提升和成功转岗的经历，通过企业宣传与扩散，也影响了其他潜在的"迫切改变者"。例如，公司有原料库、辅料库、成品库等十多个库房，涉及的 SKU（最小存货单位）有上千种，庞大的库存周转却依靠人工盘点。库管人员迫切希望像报量统计人员一样，摆脱烦琐的人工盘点工作，于是主动提出了转型请求。在低代码技术支持下，每个产品和物料都粘贴上了二维码，员工用手机扫描，自动完成物料进出库，显示库存量。库管吴厚萍自豪地说道："我只有初中文化，但我觉得数字化很简单，只要你会玩手机，就能操作好。以前最多管 2 个库房，现在我一个人管 6 个，4000 多种物料，一部手机就可以搞定，工作得心应手。"

然而，还有大部分"非迫切改变者"，他们没有迫切改变工作现状和解放自己的需求，甚至有不少中层和基层面对突如其来的转变，怨声载道。

针对这种情况，曦强乳业自上而下，建立数字化文化。公司推行"不换思想就换人"的文化，严格要求员工从进入大门的第一步开始，必须用手机完成线上打卡，内部交流也必须使用钉钉。王昌岭转型的决心坚定："没有商量的余地，不按照要求执行，那就走人。"他也强调："如果企业一把手不用数字化，公司根本推不动。"自 2017 年数字化改革以后，总经理办公室便不再接收任何纸质材料，所有材料必须上传系统。在强制推行数字化的过程中，员工逐渐形成认知，"数字化原来并不是一件多么高大上的事情，一部手机就能搞定，考勤、沟通等各个工作环节都可以融入数字化"，也切身感受到数字化工具不受环境和空间距离限制所带来的便利，"传统指纹打卡机受皮肤干燥影响导致识别不准确，以传纸条形式进行重要事项沟通常导致低效，传统办公不能离开工作场所……"

员工初步尝到甜头，数字化氛围逐渐形成。然而，大部分员工对数字化的认知不深刻，制度压力下的转型信念也不坚定。因此，公司开始针对不同层次的员工，以差异化手段推动全员数字化。

基层员工：模仿式学习。部分基层员工意识到学习有难度，就会拒绝采纳新数字技术。公司旗下的600多个奶站大部分是由七八十岁的老人经营，A奶站站长回忆道："之前咱们工厂的行政副总、经理玩手机都不是很熟练，更不要说奶站那些老人了，推行的阻力远超想象……"为了克服员工认知恐惧，刚开始推行的简易版线上报量系统，只需要点按"同意"或者"不同意"。信息部所有员工每天早上4点跟随鲜奶配送车出发，到各个站点推行报量系统和现场培训。张河表示："尽管是傻瓜式操作，但有些年龄大的人，我们教了无数遍还不会，后期我们就把他们家孩子、儿媳、邻居能教的都教会，然后让他们慢慢模仿着学。"其他管理人员也被指派到自己小区附近的奶站，进行手把手教学。

最终，曦强乳业仅用半年时间就完成了600多个站点的数字化。奶站员工打开手机就可以线上报量，省去了开票环节，也节约了电话费，完全支持多奶站同时报量的高并发。A奶站站长表示："之前电话打不进去，总占线，我们也干着急，现在报量方便多了。电话报量还容易出错，我们普通话说得不标准，有时候他们听得多了少了的，现在全部数值走线上，出错的概率小很多。"随着基层员工数字化接受程度越来越高，报量系统又慢慢叠加新的功能。例如，奶品划分越来越细，还能与销售系统联动，站点每日盘点对账更方便。

中层员工：渗透式学习。部分中层员工发现个人利益会受到损害，就会停止使用新数字技术。在转型初期，为避免新系统崩溃导致数据损失，质量管理部作为核心部门被暂时要求所有表单数据采用纸质、旧系统和新系统三重备份。这意味着大家要承担三倍工作量。面对员工激烈抗争甚至罢工，公司能够共情，"新旧系统转换时带来的痛苦，就像给正在行驶中的汽车换轮子，会造成猛烈震荡"。公司采用思想教育方式，潜移默化地影响这部分员工。例如，每周举行舆情监测会，综合管理办负责汇总国家政策、行业动态、社会民情的相关信息，在会议上领读。质量管理部主管李玉芹表示："通过舆情监测会，我们部门员工慢慢感受到自动化和数字化是大趋势。如果大家不进步，不随着社会趋势去改变，可能会被淘汰。由此激发危机意识，并愿意继续数字化。"一段时间体验后，员工逐渐认可新系统所带来的效率提升，持续使用意愿更强，"质量管理是一环扣一环，之前经常出现沟通不畅，我通知了，对方没收到，导致很难进入下一流程。现在我们沟通更迅速和准确。"各部门也建立起技术沟通群，员工随时可以提问，总经理等高层管理者会催促氚云技术解决每一个问题，员工充分感受到公司的支持。

另一方面，数字化使所有流程环节的信息实现透明化，比如生产出品率以前由人工测算，而今自动测算并录入系统，避免生产人员虚报数据；产品出入库要拍照上传系统，避免销售人员串货，甚至提奶招待访客也要走线上审批。跑冒滴漏现象无处遁形，生产部主管和销售部员工集体辞职，抵制数字化。对于这种行为，王昌岭表示："面对这种情况，就怕一把手软弱、左右摇摆，导致事情走走停停，只要下定决心，即使遇到问题，也要坚信通过不断修正，终会呈现好的结果。"其实，公司90%员工都是阳光化工作，阻力来自少数人，坚决推行数字化反而会淘汰管理层中的自利行为者。张河表示："不少产线员工是一人多岗，他们主动要求自动化和透明化计算自己的工时。现在每道工序都设置有采样点，进入和离开都要扫码，最后自动叠加各个时段，计算总工时，合理发放薪资，不会出错。"

高层员工：应用式学习。对于那些本身具备数字化理解能力的高层管理者，公司重点培养其利用低代码搭建应用的能力。王昌岭表示："一是考虑到氚云没有工厂经验。二是他们人员来一次要好几千，我们付来回路费，觉得特别贵。"于是，公司开始内部提拔和培养一批高层管理者成为应用搭建者。

弱电专业的大专生张河曾做过13年机电工，2016年进入公司后，主要负责机房路由器管理、交换机控制、监控维修和奶站收费机管理。王昌岭将其提拔为唯一的IT技术骨干，正式任命为信息部经理，并授予他低代码应用开发权限。张河意识到："使用低代码并不难，不需要太专业的IT技术，但作为新手，还是要花时间去学习和了解它的功能。在搭建应用的过程中，也要耐心分析背后的业务逻辑。我认为王总是看重我对工作的责任心和钻研态度。"对于学习方法，他也颇有心得："当时厂里没有监控，324个监控全是我装的，我一个人要干很多工作，耗费了大量精力，根本没时间全盘学习低代码。我主要采用问题导向的学习方式，遇到什么问题，就在百度、B站、低代码平台官网服务中心查找资料。"同时，他也经常跟随王昌岭前往武汉和北上广深的兄弟企业参观学习。这些企业拥有许多领先的数字化应用场景，但大多数应用系统费用较高。张河就尝试在低代码平台上复刻这些系统，"参观时我连这些企业的机房线路走向和交换机型号等设备都拍了照。看到好的应用场景，我会定向地为实现这个功能，搜索学习资料，比如学习控件翻转和中间的逻辑学，有时搞到凌晨四点多……"

2017年4月至2021年3月，张河基本一个人搭建了公司低代码平台的整套系统。在王昌岭的支持下，他逐渐搭建了销售终端管理和销售类各统计报表等几百个应用，"王总鼓励我自己探索，一点点往低代码平台上加应用，即使这些东西没有太大的逻辑性，但先实现应用的从无到有……"通过在干中学，张河低代码应用搭建的能力得到极大提升。

为了让更多员工参与应用搭建，曦强乳业以每年不到3000元的价格订购了低代码内部测试版，向各部门主管开放权限。在张河指导下，高层管理者陆续参与"拖拉拽"的功能大按键，练习如何搭建应用。张河解释道："在测试版里，你可以根据业务需求和自己的心意，随意搭建应用，因为没有什么真实的数据，即使卡死了，也不会影响公司的系统运转，相当于进行创新实验。员工搭建了特别好的应用，只要经过王总和我审核，就能更新到公司的低代码平台上。"部门主管掌握低代码技术后，成为"行走的教科书"，可以再用更容易理解的语言培训部门员工。

第二次革命（2021—2022年）：流程再造基础上的系统推倒重构

（一）确立数字化管理体系

曦强乳业在低代码平台上搭建了越来越多的应用，然而，这些应用之间的关联性很小，"流程卡手"现象频发。2021年3月，王昌岭派遣张河前往深圳奥哲总部交流培训。奥哲服务过数十万大小客户，但曦强乳业算是知名客户，并非因为双方之间的合同金额大，而是因为它的"难缠"，四年间打求助电话最多。张河回忆道："我在深圳时，开始人家也不愿意搭理，直到第3天我还不走，他们也感受到了我的诚意，我把几年间系统实在走不下去的事情跟他们讲了。"第4天，总部合伙人带着交付组组长、项目经理，三人一起来公司调研，得出结论：缺乏统一的管理体系，导致低代码平台上搭建的原应用关联性小，全部推倒重构。

首先，曦强乳业围绕发展战略和业务需求，正式提出"以客户为中心，以食品安全为基础，以产品溯源为保障"的管理理念为重构方向。王昌岭表示："管理理念至少是一个主干，数字化应用都是枝枝叶叶，可能会枯黄掉落，只要主干不死，就会长出新的枝叶。但我确定主干不会死，因为'食品安全'是重中之重。"公司找准"食品安全"这一行业长期痛点，作为数字化转型的关键抓手。同时，将质量管理融入系统的每个神经单元，保障应用底层逻辑和目标一致。

其次，公司提出"大成本观"数字化实施原则。大成本包含采购、库存、生产等可以用财务数据计算的显性成本，也包含沟通、无效会议、加班等无法计算的隐性成本。王昌岭表示："当下经济背景下，我们要活下来，无非是开源节流，但开源越来越难，我们就想怎么节流，数字化要搞，但是我一直坚持一个原则，就是数字化没必要铺张浪费"。"大成本观"的目的，一是促进员工应用数字化来降低成本。例如，利用条码、二维码、系统实时记录手段，严格管理库存进出、调拨和盘点，控制超领与错领，降低库存管理成本；管理层利用系统将经营计划的调整迅速传递到执行层，执行情况也能及时反馈，降低决策成本。二是以最小成本实施数字化。例如，员工在应用搭建前，要充分论证需求，降低后期维护成本，也要基于整体性考虑，确保应用能够集成到整体系统中，降低交互成本。

再次，曦强乳业提出"晾衣架"数字化模式，从牧草种植、奶牛养殖、生产、物流到销售的全产业链为一条主线，每个关键点就像一个挂钩，挂钩下面是各个工作环节（见图9-2）。其含义包括：第一，各环节都要挂上来，即全链路线上化，这样数据信息清晰，方便查找。"这种方式像挂衣服一样，把衣服叠起来放柜子里不好找，直接挂着的衣服就好找得多。"第二，只要主线不断，"晾衣架"就可以挂住许多东西。即从牧草种植到销售的全链路打通，一条线贯穿到底，避免业务、应用和数据孤岛，保证不同层面的运作井然有序，提高系统整体韧性。

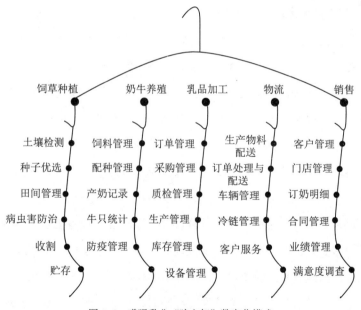

图 9-2　曦强乳业"晾衣架"数字化模式

在确定管理思想和数字化实施原则后，曦强乳业以消除冗余和不必要步骤、减少浪费为目的，组织全员对所有业务流程进行梳理和优化，确立标准化业务流程体系。在此过程中，为保障员工提出的业务需求、流程设计和解决方案符合管理原则，同时避免流程重叠或断点，公司专门成立了制度体系瘦身小组负责审核，列明哪些适用或不适用，附带原因反馈给员工。一旦确立，员工必须按照标准化业务流程体系搭建应用。无论奶站、生产车间还是办公室，全员至少每周检查工作内容是否与之相违背，以及是否需要改进和优化，并形成方案提报审核。王昌岭表示："我们很多业务流程的优化和提升都下放到了基层，这可能是与其他单位不一样的地方。"

（二）数字化创新多点涌现

自主搭建数字化应用能够有效降低开发成本。王昌岭意识到："除了员工更了解业务以外，如果员工系统用得不深，获得感就不会强，他会觉得数字化这些东西不过尔尔，推不深。因此我们要赋能员工，把很多事情的主导权交给员工，让他们在使用中慢慢看到自己的成长。"因此，公司鼓励全员参与低代码应用重构。在管理体系指导下，他们围绕全产业链各环节，搭建了 550 个应用，每个应用都是数字化与业务深度融合的体现。

质量管理部门主管李玉芹发现，部门周例会布置的任务，下周再检查时，多数人都以忘记为由未完成任务，导致大量任务堆叠，部门工作难以推进。她沉重地叹了口气，眼神中透露着一丝无奈："这相当于我们每次都是无效会议，每个人浪费三个小时，你敢按照工资来算？这么多人开会最后毫无成效，相当于全是成本，这与公司大成本观不符。"作为一名入职 12 年的老员工，化学专业毕业的李玉芹，开始尝试利用信息技术手段固化工作制度和流程，以确保任务执行更加有序和可控。之前她作为部门主管接受过低代码培训，并且公司推广低代码的氛围浓厚，面对工作难题，首先闪现在她脑海中的是——利用低代码技术。于是每天下班后，她继续在低代码内测版中尝试搭建应用解决部门难题。

两周后，李玉芹搭建了"会议纪要"应用，该功能可以将部门例会内容精准地推送给相关人员，部门所有人必须进行反馈和评论，否则会成为代办事项一直卡住和提醒，以此强制每个人对会议内容进行学习，而不是以"已读"敷衍塞责。同时，会议纪要留存每次会议内容，包括决策、行动和成果，定期回顾审视，可以判断公司发展态势和面临的挑战。经过审核后，该应用正式更新至低代码平台，被其他部门广泛使用。

李玉芹因此受到王昌岭的表彰，收获了利用低代码解决实际业务问题的成就感，也深刻感受到低代码的潜力。她并未止步于此，而是继续探索解决更多复杂的业务难题。例如，质量管理和生产部门长期面临牛奶酸度控制难的问题，而酸度过低或过高都会影响口感。她带领团队着手解决该问题："我一开始就想到了要用低代码技术。"以前质量管理部门检测完牛奶酸度后，会传纸条给车间高位平台的操作员，生产前处理和后包装人员都看不到相关信息。操作员本身工作量大，有时候再遇到牛奶酸度过高，会手忙脚乱。为了让大家一起关注酸度控制的问题，质量管理部门尝试利用低代码制作共用表单，将检测数据共享给各个部门。数据透明可视后，前后处理班长可以立即发出指令"清洗设备"或"停止灌装"，避免损失扩大。此外，大家在每周质量分析会上都会拉出表单数据，分析酸度变化的原因，提前做好防范。

基层员工也展现出强烈的创新精神和对业务问题的深刻理解。身患残疾的门卫刘浩宇接到上层的任务指派，负责统计员工上下班踩点情况。

他每天投入的时间长达9个小时，紧盯监控画面，并将结果上传至微信和钉钉群里，但其工作内容很快被群中其他信息吞没，这让他倍感沮丧。内部员工口口相传低代码的神奇威力，加之总经理等高层长期宣传，他认为这或许可以解决眼前的难题。经过半个月摸索，他利用低代码搭建了用于监测员工上下班踩点的应用。该应用可以上传图片和视频，并精准抄送对象。如今公司员工迟到早退现象明显减少，他每天的工作时间也从9个小时降低到5个小时："我现在工作之余还能跟张工学习用低代码搭建更复杂的应用。"

食堂员工也开发了报餐系统，用于餐前统计各部门用餐量，餐后扫码核销以追踪员工用餐量，避免食物浪费。同时生成报表，分析常用菜品和员工饮食需求，制订采购计划。食堂师傅说道："如果系统瘫痪了，我们都不敢想象工作该怎么进行。低代码推行到现在，大家越来越离不开了。"

（三）一体化整合，全链路追本溯源

全产业链经营模式因协同效率低，一直被制造企业视为发展桎梏。在统一的管理体系指导下，全员围绕产业链重构的所有应用底层逻辑一致，可以轻松地利用低代码的表单关联，打造一体化综合管理平台，解决了传统系统之间相互割裂的问题，实现产业链整体协同效率提升一倍（见图9-3）。

曦强乳业甚至发现全产业链经营的优势，即能够对各个环节管控，从源头上保障产品质量，并在业内首先应用正向溯源法，精细追溯原材料来源、生产过程和质量控制等关键信息。具体地，利用低代码在生产加工的6个巡检环节都建立了不同表单，并生成二维码，巡检人员只需用钉钉扫二维码，就能在线填写表单并保存，数据可以共享给不同管理

一体化综合管理平台

曦强集团 XIQIANG GROUP

总体思路	流程化	标准化	PC	移动化	人性化	一体化	全链路溯源

主流程

核心模块主要功能

销售管理：客户资料、客户跟进、订奶明细、奶站信息、销售合同、拜访记录、业务目标、奶站目标、满意度调查

质检管理：半成品取样、半成品检验、质检留样、计量器具、压力表统计、温湿度、进货验收、添加剂查验、生乳分析

生产管理：生产计划、生牛乳记录、生产投料、杀菌监控、灌装监控、完工入库、设备管理、出品率、投料汇总

产品管理：价格体系、组合规则、价格修改、新增站点、新增奶品、产品研发、包装设计、合规检查

订单管理：报量计划单、报量单、配送单、报量统计表、订单修改、退单、活动下发、报量预警、生产计划

采购管理：供应商信息、供应商评价、供应商分类、供应商入驻、采购单、采购入库申请、采购反时警、采购计划

库存管理：原料库存、物料调拨、库存盘点、物料结存、耗损率、出库单、实时库存统计、安全库存、周转率

行政人事管理：合同审批、人事管理、认照管理、业务招待、印章管理、考勤管理、车辆管理、平台权限、档案管理

牧场管理：投料配方、产奶记录、投料投料、牛群统计、销售统计、剩料统计、经营统计、成本统计、牛只统计、防疫统计

财务管理：出品率、能源消耗、制造费用、报销单、应收账款、奶站交款、预算管理、产品销售、产品运输

一体化治理	全面预算管理	全面质量管理	业务财务一体化	监督监察	组织管理	印章管理	合同管理	人事管理
数据建模	数据仓库	数据治理	数据体系建设	溯源治理	指标库应用	场景应用	AI智能应用	
协同能力	组织在线	沟通在线	协同在线	业务在线	协同在线	监控在线	生态在线	

图 9-3　曦强乳业一体化综合管理

者。王昌岭自豪地表示："我们的牛奶反向追溯、正向追溯都没问题，因为每一罐奶每一个生产节点的数据都有留存记录，无盲区。产品包装上长长的追溯码就是数据层层关联的展现，关联准确率达到 95%。"如果产品出现质量问题，只要在系统中输入批次或型号，仅需几秒，就能实现反向溯源，快速定位问题。与此同时，系统还能正向溯源，自动呈现该问题批次涉及多少数量、流向了哪些站点、销售到了哪些终端渠道。此外，正向溯源法能够查明每一个最小单位原材料的流向和使用情况，避免原材料采买过剩或不足。年底导出相关数据，据此对供应商进行管理。如果原材料实际使用效果不达预期，其供应商被评为 D 级，则可能面临淘汰或长账期。

曦强乳业利用低代码平台逐步打造了全链路数字化全景图（见图 9-4），并在世界制造业大会工业互联网专场会上发布了"企业全链路溯源管理平台"，为同行业提供了发展模板（见图 9-5）。

提炼基于低代码平台的企业数字化转型方法论

《中国制造 2025》发展纲要明确指出，数字化转型是我国制造业未来发展的重要方向。据工信部统计，中国制造业的主体是中小企业，占比高达 90% 以上。然而，目前大量中小企业陷入资源短缺、效率低下与创新乏力的困境，其数字化转型之路困难重重。曦强乳业摒弃路径依赖，开辟了一条全新的、低成本的基于低代码平台的数字化转型路径，充分展示了处于接班和转型困境中的中小企业求新求变、突破式高质量发展的新智慧。它用实践表明：中小企业可以通过利用数字机会，以低成本、高效、自主的方式实现数字化转型的目标。曦强乳业的数字化转型方法论为其他中小企业提供了重要参考。

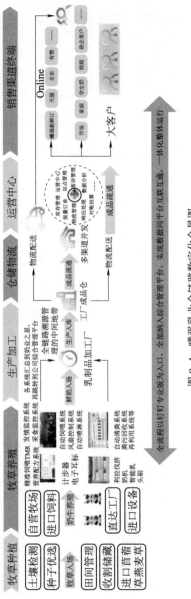

图 9-4 曦强乳业全链路数字化全景图

图 9-5　曦强乳业全链路溯源管理平台

（一）应用低代码技术步骤

针对低代码技术的导入和创新管理，曦强乳业的转型路径主要有7步。

第1步：评估企业需求与低代码技术的匹配度。低代码特别适合业务需求变化频繁、应用开发速度快、数据处理规模较小，且人才、资金、技术基础薄弱的企业。

第2步：选择合适的低代码应用服务供应商。供应商具备以下特征：对特定行业和业务有了解，避免知识距离过大；能够提供及时和可持续的支持与服务；具有良好扩展性，适应公司未来业务增长。

第3步：选择试点项目，从零开始迭代。了解哪些应用系统或业务流程，可以被低代码重构，确定优先级；选择试点项目，用于测试和验证低代码功能；对试点系统或业务流程进行详细评估，确定功能、运行逻辑、依赖关系和数据流；完成应用开发和迭代；总结开发经验，形成待复制的模板。

第4步：塑造全员数字化认知和能力。"以人为本"是低代码的核心理念，意味着在减轻员工工作负担的同时，更关注所有人的需求和兴趣，并保护和释放其自主性与创造性。每个员工都可能成为数字化建设的引领者。为了发挥人的主导作用，企业要采取差异化手段塑造不同层次员工的数字化认知和能力。

第5步：明确数字化管理体系。以标准引领低代码应用开发，保障应用规范化和底层逻辑一致，为一体化治理奠定基础。

第6步：全员参与应用开发。在前两步的基础上，鼓励员工将低代码技术与业务场景深度融合，催生出大量应用。

第7步：一体化整合，建立新优势。协同各个应用，进行一体化治理，提升产业链协同效率，探索对外赋能的新优势。

（二）转型实施方法论

曦强乳业利用低代码技术及其支持能力，完成了全部业务流程的数字化，并完成了组织、人才、经营理念与文化的转型，甚至发现了全链路溯源管理新的价值创造机会，真正实现了低成本、全方位的数字化转型。它的成功与其坚定前行的每一步密切相关，历经两次数字化革命，摸索出了数字化实施方法论。

第一次革命的核心是低代码应用与人的数字化认知从零开始迭代。首先，对于资源有限的中小企业而言，在数字化转型启动阶段尤其要看到立竿见影的效果和生产力的快速提升，降低投资的沉没成本，这就需要从解决业务痛点开始。然而，中小企业受试错成本和风险厌恶的限制，往往选择以试点项目的方式进行业务数字化转型，一旦试验成功，再以点带面扩大范围。曦强乳业本着"解放员工"的理念选择试点项目，并采用无序试错和及时反馈的方式，也就是不设立标准、动态试错与解错，能够将低代码技术快速导入公司内部，实现低代码应用从无到有，也在解放中塑造了员工的数字化认知。正如王昌岭所言："中小企业数字化转型前期不要追求大而全，也不要导入高大上的理论和强逻辑，我们没有那么多资源，了解也不多。先做工作中最紧急又重要的，允许犯错，在不断整改中收获各种意想不到的经验，做好一块后再向外延伸就会容易很多。"通过试点项目，曦强乳业管理层确认了低代码技术在企业中应用的实用性以及关键成功要素：第一，低代码情景下，员工不仅仅是执行者，还是应用的创造者，因此培养员工的数字化认知和能力至关重要。第二，利用低代码搭建应用，要注重背后的业务逻辑，并确保与公司整体业务逻辑和管理思想一致，避免孤岛现象。

第二次革命的核心是在流程再造的基础上将低代码应用推倒重构。王昌岭表示："工厂能活下来，还得靠全部员工，数字化权力最终要下放到各个岗位。但是必须提出管理体系作为引导，才能保证不跑偏。"员工在第一次革命中塑造了数字化认知并积累了低代码的先验知识，基本可以主导数字化。然而，群体参与的创新活动常常因标准不统一而导致混乱，需要一定制度约束。曦强乳业重塑了管理思想和标准化业务流程体系，并鼓励全员以此为准则重构应用，于是大量创新和规范化应用自发涌现。曦强乳业则以全局和整合的视角，进行系统集成，促进资源共享和产业链协作效率提升。然而，核心竞争力才是企业获得竞争优势的来源。曦强乳业在应用系统链式协同的基础上，探索构建差异化能力，开发了业内首个正反双向溯源功能，并将这一创新成果转化为新商业模式。

永不落幕：开启数据治理新征程（2023 年—）

随着业务量和应用量的与日俱增，曦强乳业每年积累数据量达 700 万条。新挑战也逐渐凸显——在数据量过载的情况下，低代码搭建的应用在 30 秒内无法迅速呈现数据，甚至出现数据丢失或错报，直接影响工作效率。此外，一些复杂度高和关联性极强的应用仅靠氚云低代码平台中预构建组件和拖拉拽方式很难完成。

一次跋涉到达不了终点，数字化探索之路，任重而道远。王昌岭再次踏上深圳奥哲总部的访问之旅，以共同探讨未来 3~5 年企业数字化建设的发展规划，一张新的蓝图正在徐徐展开。未来曦强乳业将转换另一款云端低代码应用服务平台——云枢，它是氚云的兄弟产品，专注于中大型企业应用，提供了更为复杂的模板和自定义语言，以克服氚云在响应速度和处理复杂业务方面的短板。本次战略合作将进一步推动曦强乳业数据治理，构建数据中台，打造智慧服务型工厂，数字化进步在这家小城工厂中持续发生。

专家洞察

曦强乳业是一家全产业链乳品生产企业。在数字经济时代，公司秉承"以市场为导向，以客户为中心，以食品安全为基础，以产品溯源为保障"的管理理念，利用低代码数字技术，独立自主实现了数字化管理，以及从牧场、采购、生产、质量、物流、销售等各个环节的全链路数字化溯源。曦强乳业已实现低代码应用场景超过550个，年沉淀数据量超过700万条，数字化转型助力营业收入提升300%，降低运营成本近千万元，用工减少30%等，未来公司将进一步推动数据治理，打造智慧服务型工厂，持续推动数字化进步。

借力低代码平台，唱一曲接力换棒的好戏

曦强乳业始建于1958年，前身为淮北奶牛场，养育了淮北几代人。2003年，北京曦强集团投资公司董事长王哲平怀着对家乡的深厚感情，投资800万元收购了濒临破产的淮北市乳品厂，正式成立安徽曦强乳业集团。"创一代"王哲平以振兴淮北乳制品行业为己任，通过艰苦卓绝的努力，带领企业凤凰涅槃，逐步成为皖北地区最大的乳品加工企业。

2017年，王哲平功成身退，在其"责任是领导的象征"的殷殷嘱托下，"创二代"王昌岭接过企业发展的接力棒。彼时，王昌岭刚结束国外工程设计类工作，他与曦强乳业的接触经历仅限于"过年曾去工厂搬过几箱

奶"。在对公司业务知之甚少的境况下，王昌岭每天如履薄冰地工作，被各种需要审批的纸质文件重重包围，被排队等候的员工催促着签字。为了快速完成接班，以及提升公司传统系统价值，王昌岭创新求变，提出"晾衣架"数字化模式,蹚出一条基于低代码平台的企业数字化转型新路。尽管期间面临诸多挑战，但王昌岭率领企业数字化转型的决心从未动摇，企业发展取得突破性成就，"创二代"的领导身份也更加深入人心。

提质增效，低代码为"小巨人"插上数字化翅膀

第一次数字化革命：打造数字化建设的"地基"一体化综合管理平台。曦强乳业曾采购定制化 ERP、零售 POS 等 15 套传统软件，但这些系统不仅没有给公司带来效率的提升，反而导致了一系列使用、管理和维护问题。总经理王昌岭下定决心依托低代码平台氚云重塑管理系统，并迅速搭建出一套完整的个性化综合管理平台，将生产管理、质检管理、奶站报量、财务审批、销售日志等基础业务统一迁移上氚云，很好地解决了传统系统之间相互割裂的问题，将公司各个节点连通起来，完成数字化地基建设，也为落实企业"大成本观"奠定了坚实基础。

第二次数字化革命：打造全链路溯源管理平台解决行业痛点。曦强乳业直击乳业行业痛点，即食品安全，擘画全链路数字化进程图景，经营理念从"以制造为中心"转变为"以服务为中心"，总结出"五好奶牛理论"——出身好、吃得好、住得好、身体好、心情好，这"五好"均有相应的数字化系统做支持，从而打造覆盖种植、牧场、生产、采购、质量、销售等各个环节的全链路溯源管理平台，实现"码"上生产，让每一杯牛奶的全过程在阳光下进行。在"振兴民族乳业，提升民族健康水平"的使命感召下，公司将开发的"企业全链路溯源管理平台"在世界制造业大会工业互联网专场会上公开发布，为同行业提供发展模板，全链路溯源管理方式也被包装成小型软件，放在低代码平台上，反向赋能平台，已有 500 多家企业下载使用。

数字化正反馈，持续捅破人才成长的天花板

业务是企业发展的根本，而人才是企业蝶变的关键。低代码在赋能企业数字化的过程中，也在不断提升和更新领导者胜任力。"创二代"王昌岭不仅快速完成公司业务补课，还用绩效说话，收获了员工对其领导者身份的认同。与此同时，他也增强了对自己领导者身份的认知，彻底洞见"责任是领导的象征"，并逐步对外传输数字化转型经验，成为上海复旦大学数字化建设课程讲师、阿里钉钉智库专家和金牌讲师、安徽奶业协会副理事长等。

低代码不仅将员工从低效能工作中解放出来，还支持员工数字化创新，不断收获高价值工作所带来的荣誉感。曦强乳业涌现大批数字化人才，例如，张河从机电工转型成为信息中心总经理，初中文化水平的吴厚萍利用数字技术 1 人管理 9 大原料库，门卫刘浩宇开发监测员工上下班踩点和餐厅报餐应用系统，质量管理部李玉芹开发会议纪要和乳制品酸度检测应用系统等。随着全员与企业共同成长，曦强乳业中后期数字化转型几乎不再需要借助外力，而是由"干中学"成长起来的员工自主完成。

曦强乳业的数字化成绩单

从 2017 年到 2022 年，曦强乳业仅用了 5 年时间、以极低成本跨越式推动了企业数字化转型进程。实现公司收入提升300%，600 多个奶站日常系统运维效率提升 70%，通过流程数字化重构，大幅度提高了企业

内部各部门以及产业链上下游的协同效率，减少办公耗材 30 万元，降低运营成本近千万元，在原辅材料价格上涨幅度超过 50% 的情况下，公司每年节约原料 10% 等。随着曦强乳业数字化转型的不断推进，公司品牌价值再上一层楼，成为全国中小企业高质量发展的标杆企业，每年有超过二十家生产制造企业到曦强乳业学习管理模式。

综上，曦强乳业基于低代码平台的数字化转型新路径，充分展示了处于接班和转型困境中的中小企业求新求变、突破式高质量发展的新智慧，是值得深入研究的杰出典范。

作者简介

毛基业　中国管理模式 50 人 + 论坛成员
中国人民大学商学院原院长、教授

李静榕　中国人民大学商学院博士生

第十章

拈花湾文旅：数字化转型，打造面向未来的数智文娱

引言

无锡拈花湾文化投资发展有限公司（以下简称拈花湾文旅）是一家以"中国创意文旅集成商"和"中国文商旅运营商"为愿景，以文旅项目开发和运营为核心业务，提供文旅项目咨询、研发、规划、设计、建设、运营等全产业链服务的综合性文化旅游企业。

拈花湾文旅坚持"以文塑旅，以旅彰文"，以"传承文化、创造经典、引领美好"为使命，致力于中华优秀传统文化的创造性转化、创新性发展、创意性表达。公司成功打造和运营无锡拈花湾、曲阜尼山圣境、汉中兴汉胜境、南京金陵小城等知名文旅景区，每个项目都实现了社会、经济、文化效益等多重价值增长，累计接待游客数量超 1 亿人次。公司获评文旅部"全国文旅系统先进集体"，打造和运营的景区荣获百余项国家、省市、行业重要荣誉。

拈花湾文旅坚持数字化价值共生，为文旅行业输出数字化实践经验。公司将信息化、数字化建设作为转型发展重要战略，通过文旅项目开发和运营两大核心业务的数字化升级，向创新型研发企业转型。

2023 年年底，工信部官网发布《关于公布 2023 年度虚拟现实先锋

应用案例名单的通知》，由拈花湾文旅申报的"拈花湾景区虚拟现实智慧旅游新空间"入选，系江苏省文化旅游领域唯一案例。①

此前，拈花湾文旅两大特色演艺《拈花一笑》《金声玉振》上榜全国旅游演艺精品名录，两大标杆景区无锡拈花湾、尼山圣境双双入选全国智慧旅游沉浸式体验新空间培育试点名单。

拈花湾文旅抓住了产业数字化转型的机会，从重资产投资驱动型企业转型为轻资产咨询服务型公司，依托数字化要素和工具，促进企业在文旅运营上的数字化转型，产生了示范和样板效应。

近几年《"十四五"文化和旅游发展规划》《"十四五"文化产业发展规划》等纲领性规划纷纷出台，从顶层设计层面阐明了文旅产业进行数字化转型的必要性。在"十四五"规划和2035年远景目标期间，推进智慧旅游发展已势在必行。以创意为核心、以 IP 为引领的文旅发展模式，正在改变传统的景区景点游览模式。虚拟现实、人工智能等新技术在文旅领域的应用空前提速，文旅产业的数字化转型已步入快车道。

拈花湾文旅紧紧跟随国家战略和行业发展趋势，凭借多年的文旅产品运营经验，在数字化转型方面积极探索，取得了一系列落地成果，不仅提升了游客的旅游体验，提高了景区运营效率，也探索出一条文旅产业崭新赛道，为文旅行业的数智化转型提供了可借鉴的实践经验。

---

① 资料来源：《澎湃》入选国家级！全省唯一！ https://www.thepaper.cn/newsDetail_forward_ 25300996

创新性升级：传统文旅向数字文旅转型，助力文旅高质量发展

（一）重资产投资驱动型——轻资产咨询服务型转变

1. 抓住机遇，加速转型发展

2018 年以前，拈花湾一直致力于投资景区、建设景区以及管理景区等重资产业务。投资景区投资规模大，建设进程缓慢，投资回报周期长。该模式主要存在两大问题：一是发展速度较慢，企业负债和经营负担较重；二是受政策影响，融资渠道缩窄，对外投资受限。

面对此种制约，拈花湾文旅董事长吴国平进行了思考：要么继续安心作为地方企业将业务做精做好，不过这样一来，无论是知名度还是规模都会较为有限；要么突破现有商业模式，摆脱重资产模式，进行转型。

2018 年市场机遇来临，鉴于拈花湾前期打造的景区在行业内外口碑颇佳，多地政府提出诉求，期望拈花湾赴当地参与打造旅游项目。

拈花湾果断抓住机遇向轻资产咨询服务型模式转型。2018 年由灵山文旅集团将所有涉及文旅轻资产业务整合组建了"拈花湾文旅"。

公司成立后很快遇到疫情，对绝大多数文旅企业来讲这绝对不是好事，但是对于拈花湾文旅来讲，并非绝对的坏事。疫情期间各地的文旅项目并没有完全停止，仍然存在很大的市场需求，尤其对线上文旅需求更加旺盛，倒逼文旅数字化加速。

2. 推进数字化，打造拈花云科

在转型过程中，拈花湾文旅发现整个文旅行业在数字化方面的发展较为缓慢，传统景区运营管理较为粗放，主要依赖大量人力投入，不可控因素众多，数字化转型势在必行。

据时任拈花湾文旅总经理陈琪介绍，最初拈花湾文旅试图从票务系统进行数字化改革，选择与其他企业合作购买软件和服务。然而，在实际运营中发现此举易被"卡脖子"，服务商既不提供数据，也不开放端口，作为运营主体难以获取核心数据。而且，每当管理需要借助数字化进行迭代更新时，服务商缺乏驱动力，配合度欠佳。有的购买了商用软件，有的购置了票务软件，有的选用了酒店管理软件，集成管理后却发现无法实现互联互通。

拈花湾文旅预见到未来要大规模扩张，管理数十个景区，若仍维持之前的管理模式将难以为继。管理层认为，首先必须在数字化方面实现重大突破，将所有线上部分整合至自身平台，无论是未来的业财一体化，还是前端的运营服务系统，都要实现全面打通。

基于此，拈花湾文旅下定决心进行彻底的数字化转型。为了深入推进文旅数字化、信息化探索，从零开始孵化子公司无锡拈花云科技服务有限公司（以下简称拈花云科），拈花云科于2021年正式成立。[①]公司以数字化思维为导向，突破传统文旅信息化边界，结合5G、人工智能、大数据、区域链、物联网等新一代信息技术，融合文旅行业领先的运营和服务理念，建设一流的文旅目的地数智化服务商。

拈花云科的使命，是成为拈花湾文旅探索文旅数字化的开路先锋，全面升级文旅目的地数字化运营管理。它突破性地打造了"拈花智慧文旅云"，用"文旅＋云"的全新运营格局，实现同用户的即时沟通，完成景区数据智能＋营销互动＋文化渗透，全方位赋能未来景区管理的维护与升级，为行业输出智慧运营新解法。

---

① 资料来源：本文作者赴企业调研访谈的一手资料。

拈花云科标志着拈花湾文旅的数字化征程迈入新阶段。拈花云科自主研发的彩虹游、锦云营销、绿洲票务、瀑布数据、季风运营等多款深度贴合文旅景区实际业务场景的核心产品，形成智慧文旅产品矩阵，实现景区"一码畅游＋票务升级＋数据治理＋数字化营销"。

拈花云科不仅为拈花湾文旅自身的文旅项目服务，也积极开拓外部市场，与行业共享数字化价值，成功拓展多个大型景区，提供精确、高效、迅速的文旅目的地数智化运营管理。通过内部市场和外部市场双轮驱动，实现数字化运营管理能力提升和运营管理经验输出，并创造全新的商业机会。

（二）把数字化提升到核心业务与公司战略层面

1.数字化理念的转变

拈花云科从 2019 年开始筹备到 2021 年正式成立，陈琪谈起两年间的思路转变说："起初，全面数字化只是基于企业内部运营的需求。然而，在筹备的过程中我们发现这一业务板块本身具有极强的市场价值，有机会成为一个核心业务。因为众多文旅企业都存在类似痛点，所以这套解决方案不仅自身可用，还能够推向市场供他人使用，基于这一朴素想法便开始行动。"

拈花云科自成立至今，一直在努力深耕。一方面，要把文旅数字化解决方案做得完善扎实；另一方面，企业的解决方案并非基于技术端的考量，本质上还是基于运营，真正做到技术服务于运营，而非单纯追求数字化工具或数字化大数据运用。真正的应用场景要经过持续不断地优化，并与实际运营密切结合，稳定性、经济性和契合度至关重要。拈花云科团队花费了大量时间，从拈花湾景区的运营实际出发，梳理这项业务的具体操作方式。

作为提供从策划到运营全产业链的文旅轻资产服务商，拈花湾文旅的核心竞争力在于运营端。虽然策划、设计、建设也是当下极为重要的业务板块，为企业带来了巨大收入，但市场看重拈花湾文旅的核心竞争力在于运营。陈琪表示："拈花湾如今之所以有底气进行运营托管，是因为已经将运营真正想透彻，坚定不移地推行数字化运营，并且一定要在这个行业中做出示范和样板效应。"

如今，在拈花湾文旅，数字化工作未来的发展项目以及业务已经纳入公司整体战略的重要组成部分，并将此作为未来发展的重点加以考量，在业务实施过程中，将数字化置于极其重要的位置，实现两者的融合。这一点至关重要，若数字化缺失战略规划则难以长远发展。然而一旦将其纳入战略轨道，便能持续迭代，不断朝着良性方向迈进，这一经验极其重要。

2. 将数字技术转化为文旅创新产品

事实证明，拈花湾文旅的路选对了。通过对数字技术的有效运用，一方面可以进一步创新旅游场景打造，让历史照进现实，让科技演绎文化，让技术塑造场景，打破时间、空间的限制，将旅游、艺术、新技术深度融合，创造全新场景和体验空间。另一方面，可以提升旅游服务水平，通过采用大数据分析、互联网技术等新技术手段，可以更加精准地了解游客的需求和偏好、改善用户体验、拓展市场增量。

拈花湾文旅成功打造了无锡拈花湾、曲阜尼山圣境、汉中兴汉胜境等多个优秀文旅项目，屡获国家级大奖。

无锡拈花湾以创新性、科技性的表达方式，将现代智能科技、沉浸数智体验融入唐风宋韵，打造出夜间特色演艺"禅行"、全感官沉浸夜航体验"空灵之境"、奇幻的元宇宙沉浸体验等。景区通过智慧旅游沉浸式体验新空间的建设，持续突破，自我迭代，引领行业创新。

作为拈花湾文旅运营管理的标杆景区之一，灵山胜境利用数字化技术提升游客的游览体验，通过智能化的导览系统、虚拟现实和增强现实等技术，为游客提供更加丰富和个性化的游览内容。

山东曲阜尼山圣境则将传统文化创新表达，融入多种尖端科技，通过震撼多彩的天幕表演、炫酷科技的无人机秀、浪漫炫目的烟火表演，全新升级夜游尼山至 3.0 版。景区注重数字技术在文化展示和体验方面的应用，为游客带来独特的传统文化体验。

一个个智慧创新项目的成功运营，预示着拈花湾文旅对数字化的前瞻性发展趋势的精准预测与大胆尝试的成功，其中首要趋势在于敏捷化运营模式的应用，其次是数据精准分析以支持决策制定，最终则涉及将数字技术转化为盈利来源。如何将数字化转变为实质的产品，以达成盈利效应，而非仅仅是作为技术的赋能工具，将成为引领业界前进的重要指向。

创新性突破：数字化运营向数智文娱进化，引领行业进入新赛道

尽管已取得了一定成效，但拈花湾文旅对文旅行业的数字化还有更高的期望。陈琪表示："在理想状态下，我们不仅期望数字化能够降低成本，更关键的是期待数字化为自身增效，无论是对营销的强大推动作用，还是大数据的分析及解决问题的能力，抑或是未来社群体系的构建，都离不开这一体系。这便是拈花湾的运营与其他景区运营管理团队的最大区别所在。"

除了游客端体验的提升外，数字化还可以全面赋能景区运营提效。拈花湾文旅已搭建数字化智慧平台，与景区内业务系统打通，覆盖了对客服务、营销、管理三大板块。拈花湾文旅将智慧旅游提升至战略新高度，进一步助力景区提升游客游览体验，提高景区的运营效率与质量。

（一）进入数智文娱新赛道

目前，拈花湾文旅能提供完整、可落地并且一直在持续迭代的一体化数字化景区运营解决方案。

随着业务的推进，如今拈花湾文旅在为其他城市策划、设计、规划文旅景区时，已不再单纯依赖以往打造灵山胜境、无锡拈花湾的成功经验。因为之前经验的逻辑主要建立在经典场景和景点的打造，在观光旅游的同时融入一些独特元素。如今新开发的文旅项目都在嫁接数智文娱，未来将有大量人工智能、增强现实、混合现实场景应用，核心是景区线下线上玩法嫁接。

拈花湾文旅全产业链参与建设的无锡鸿山奇境项目，以鸿山考古遗址为基底，通过吴越春秋文化 IP 与增强现实、混合现实、人工智能、大数据、元宇宙等数字技术的有机结合，打造吴越春秋文化与数字化场景转化深度融合的"超级文化 IP 数字应用场景"。通过"IP 内容创意 + 数字文娱技术 + 沉浸式体验"联动，实现数字科创与城市生态、文化体验、生活方式等场景的融合发展，打造集"数字科技、内容创意、文化传播"为一体的新一代科技文旅融合标杆。

所以，当下拈花湾文旅存在两个核心的数字化领域，一是运营，二是文娱。原本数字化主要作为一种运营方面的赋能工具，如今已经从功能性工具转向一种体验。

拈花湾文旅不断发掘新的趣味内容，实现创新。通过数字化手段分析问题改善流程，以使运营更为顺畅，通过紧密结合前线运营需求，将新产品进行试错和实践落地，将数字技术从单一的赋能工具提升为业务的一部分，使优势得以进一步发挥。陈琪判断"数智文娱是一个新赛道"，这也是拈花湾文旅高层站在企业未来从业务发展模式到战略目标的角度，对于企业发展与数智化关系的思考达成的共识。

在数智文娱这个新赛道，拈花湾文旅已经取得了阶段性的成果。陈琪相信，在未来 2 到 3 年，只要伴随一个数智文娱标杆景区的落地，就能让整个文旅市场强烈地感受到这样的变化。

（二）重视科技性与文旅人文性的平衡

拈花云科业务范围涵盖数智化咨询、规划、建设及运营服务。其不仅协助项目建设，还通过五大产品线和九大解决方案，构建并支持客户进行线上多层级的数智化整体运营。

在数智化整体运营过程中，找到科技与文旅的平衡点至关重要。科技公司很容易偏重于强调技术，而文旅本质上是服务业，强调的是服务的温度。如何平衡科技与文旅也是拈花湾文旅在实际运营过程中需要注意和解决的问题。

拈花云科相关负责人表示："在文旅领域，科技不再仅仅是如何代替人力，而是更关注如何赋予人性化的服务，在人与人之间的服务、沟通和联系基础上，传达人文关怀和服务体验。"[①]

---

① 资料来源：龙雀惠客厅–拈花云科｜创新驱动，科技引领新文旅 https://www.sohu.com/a/718421856_467197

科技在实现精准化服务方面扮演着关键角色。借助大数据分析，能够准确分析游客的兴趣、游览模式和消费习惯，从而为其提供更具温度的服务。通过将拈花码、客房服务和商业服务等线上内容引导扩展至线下领域，借助数据和预先策划，可以为游客提供最适配于当下需求的服务，确保游客获得更为优越的体验。数字化产品旨在通过运营和服务为用户提供温情体验，而非简单地取代人的角色。

（三）搭建高弹力与可扩张性的技术架构

首先，构建整体性的数字化平台。拈花湾文旅将整个数字化运营以数字化平台的形式予以涵盖。通过数字化平台进行智能承载，赋予其运营逻辑。即使出现人员更迭，构建出来的整体性数字化平台也立刻就有相对应的操作流程，大幅降低了学习成本。这样只需要有一定经验的培训团队就能迅速进入新的领域、新的业务。

其次，保持技术独立性与业务扩张性。拈花湾文旅并非局限于单一的业务模式，而是积极探索新的业态组合。无论是数字文旅，还是研学、康养等新业务，对于新业务形态，平台在承载能力和敏捷性方面的要求架构极高。拈花湾文旅始终维持了技术的独立性，这也是在为未来进一步的业务扩张做准备。只有保持技术的独立性，公司才不会陷入高资产专用性的制约困境，能够随时保持较强的适应能力和高业务扩张性。

最后，实现"技术、运营、创意"三位一体化。文旅并不是单纯地研究技术，而是要依托技术开展业务。总体的思路为：为技术找到落地场景，然后根据场景的要求再去选择匹配的技术，甚至涉及非常具体的设备、工具等。

相关负责人介绍："拈花湾注重线上线下的互动——顾客参与创造

的形式，通过改变传统的商业模式，在开业宣传的时候，把精力由投放广告转向线上虚拟世界，提前半年到一年先注重线上，待线上发展得较为成熟的时候，再打开线下的大门。并且将景区的微迭代交给更多的客户，例如软件、服务等，景区一定会不断构建新场景，从而提高其吸引力，将场景构建的权利让渡给社群，让渡给真实的粉丝，让他们创造场景，并且在场景下体验，这样不仅可以提高客户的黏性和参与度，独特的运营模式也使得公司运营的项目更具有竞争力。"

（四）打造"项目地图"解决公司多项目一体化管理难题

拈花湾文旅打造运营的文旅项目已经遍布全国多个省市，单体项目的投资额从数亿元到百亿元不等，每个项目都涉及庞大复杂的研发、规划、设计、建设、运营等环节，如何有效管理和推进地理位置分散、体量大、数量不断增加的文旅项目，打通横向纵向信息壁垒，形成一盘棋、一张网的管理机制，是公司面临的非常急迫的问题。

针对业务模式和发展现状，拈花湾文旅专门打造了"项目地图"这一数字化管理平台，它集信息平台、决策平台、资源平台、考核平台于一体，开创文旅行业独有的一套标准化业务模式、一个系统性全景计划、一个即时性业务组织、一个开放式交互平台、一组全员参与的项目系统。"项目地图"紧紧围绕拈花湾文旅全景计划，在整体经营、文旅开发、文旅运营等多个维度，将经营目标的"数"和经营目标背后的"事"进行层层拆解与精细管理，实现经营目标的全面穿透。

"项目地图"有效解决了拈花湾文旅项目数量多、分布广、业务链条长的管理问题，建立起流程短、响应快、效率高、成本低、损耗小的生产模式，为项目推进、经营计划实施提供了有力支撑。

（五）核心技术坚持自研，力保拥有数字版权、知识产权

由于行业特点，相较于其他行业，文旅行业的数字化进程相对滞后。在整个文旅行业，尚未形成统一的数字化模式，也缺少权威声音来指导如何构建数字化生态。不过正因如此，自研模式虽意味着前期成本高、周期长，但后期可以保证安全、效率以及后期应用和知识产权，更有望收获高回报。

在数字化架构过程中，拈花湾文旅也走了一些弯路。拈花云科相关负责人表示："例如在构建 ERP 体系时，旨在将端到端全部打通。此前，曾期望通过中台的方式将整个商品体系、订单体系、服务体系、核销体系全部打通，并完成业财整合。当时我们参考了不同行业的平台，也尝试购买并进行改造，最终却发现由于行业参数差异较大，以零售中台的模式来修改整个营销无法实现。于是不得不全部推翻，从头开始自研。在这一过程中，耗费了大量的人力物力，不断试错、重构。"目前，整个中台已落地，在拈花湾文旅投入使用。

陈琪也表示：原本是使用他人的系统、成熟的软件与中台对接，后来发现此逻辑无法解决文旅大运营体系的需求，于是想法逐渐改变，宁可多花些时间和精力，全部自行完成系统研发。

虽然拈花湾文旅强调自研，但并非闭门造车。在产品开发中，仍需应对不同市场需求与外界优秀公司合作，开展多元化技术合作，并从中学习提升。但合作时仍会保持相对的技术独立性，对合作方提供的技术进行创新和改进，持续强化自主研发能力与核心竞争力。

唯有基于自身业务需求构建针对性的数字化平台，方能真正让平台全面服务、推动并促成业务。

拈花云科相关负责人表示："作为文旅新时代背景下的科技公司，我

们坚定倡导拥抱新技术。然而，在业务层面，必须保持冷静，全面评估新技术的适用性。这种差异体现了不同角色和职责之间的差异，在新技术的早期阶段，通常需要投入较高的成本，同时也可能面临技术不成熟的挑战，技术的创新追求必须与实际运营紧密结合。"

真正的应用场景要经过持续不断的优化，并与实际运营密切融合，稳定性、经济性和契合度至关重要。因此，拈花湾文旅组建了致力于文旅行业技术创新研究的企业驱动型"创新实验室"，通过实验室将技术与实际场景紧密结合，从初期尝试逐步演化为成熟产品，通过不断试错和迭代，以数据为驱动，逐步实现技术与运营的无缝融合，创造更为先进的数字化运营模式，并将其视为推动智慧旅游发展的重要驱动力。

引领行业革命：打造面向未来的数智文娱

陈琪把拈花湾文旅的未来发展定义为"一套全新的娱乐体验方式，它可以彻底改变文旅赛道的逻辑"。未来拈花湾文旅的核心能力是不仅能运营管理景区，还有一个更强大的运营能力是运营虚拟世界。

拈花湾文旅会运用元宇宙相关的技术，增强现实、虚拟现实、混合现实，以及现在比较火的 ChatGPT 等前沿技术，创新玩法与机制。

陈琪进一步强调："拈花湾文旅是一家面向未来的公司，今后将不是传统的游戏公司，也不是传统的文旅公司，而是一种全新的概念。"

"灵山胜境是讲佛文化的，尼山圣境是讲儒家文化的，拈花湾是讲禅文化的，在南京讲六朝风雅，在烟台是讲道教的八仙过海……有一点是不动摇的，拈花湾文旅将永远深耕中国优秀传统文化赛道，一旦把所有景区都打通，到线上就没有壁垒，线上世界观与线下实体景区将融合互动、互相促进。"陈琪说道："我们要做的是用具有东方哲学的体系映射一个虚拟世界。"

拈花湾文旅正在建设的项目，如无锡大有秋、无锡惠山映月里、烟台崆峒岛等文旅项目，同样致力于文化与科技的融合。紧密结合"90后""00后"游客消费习惯，充分挖掘当地优秀文化资源，利用先进的数字技术，营造科幻、梦幻的全沉浸式文化娱乐新体验，实现中华优秀文化在演绎、表达上的再次迭代。

"文旅融合的根本就是要把不同的文化、不同的IP创造转化成不同的场景情景意境，不同的故事线、情绪线、游览线，"正如吴国平所说，"高质量发展是时代的主旋律。"旅游业正处在从量到质转换的转型期，只有着力提升产品的品位和品质，才能实现供给和需求的动态适配，才能满足人民群众对美好生活的向往。

拈花湾文旅秉承创意、创新、创造的理念，对中华优秀传统文化进行挖掘和阐发，将传统文化现代表达、地方文化个性表达，打造出独一无二的专属文化IP。通过彻底的数字化转型，打通线上世界观构建与线下实体景区，对文旅数字化进行创新，开辟了文旅行业发展的新赛道，引领行业跃升至更高层面。

"传承文化、创造经典、引领美好"是拈花湾文旅一直以来的使命，在数字化革命浪潮下，拈花湾文旅将创造全新的文化旅游体验，给文化以科技力量，给科技以人文关怀，与时俱进创造更多精品文旅作品。

专家洞察

（一）创新性

拈花湾文旅抓住了产业数字化转型的机会，在缺乏行业典型成功先例的情况下，促进企业从重资产投资驱动型企业转变为轻资产咨询服务型公司，依托数字化要素和工具，促进企业在文旅运营上的数字化转型，做出了示范和产生了样板效应。不仅通过数字化实现了降本，也对数字化如何增效进行了积极的探索，并成功输出模式。运营的数字化转型和轻资产化，降低了疫情对企业的影响，拈花湾文旅反而抓住了各地文旅项目建设的机会，成功输出了开发和运营模式。其组建数字技术公司，从拈花湾景区的运营实际出发，梳理清楚运营业务及做法，通过自建数字化平台、实现了数字资源的可控化，依托数字化工具实现了数字化运营，集合了线上业务，利用数字资源和工具，打造未来社群和线上世界，不断优化运营模式，把线下景区与线上嫁接，虚拟现实与物理现实结合，增强顾客的体验感。

1. 数字化智慧景区提升文旅项目运营管理效率

拈花湾文旅以数字化思维为导向，突破传统文旅信息化边界，结合5G、人工智能、大数据、区域链、物联网等新一代信息技术，融合文旅行业领先的运营和服务理念，打造一流的文旅目的地数智化服务商。智慧景区建设涵盖了全流程智慧游园、全业态营销渠道贯通、全链路景区智慧管理、多维度数据分析决策等全方位、系统化的智慧文旅云产品矩阵，为景区提供精确、高效、迅速的数智化运营管理，实现"一码畅游＋票务升级＋数据治理＋数字化营销"。

2. 借助数字化打造科技文化融合的新一代文旅产品

未来人工智能场景，增强现实、混合现实的场景应用会大量出现，把景区玩法从线下到线上进行嫁接。通过线上虚拟搭建的社群或者小世界，提前预热里面的玩法和体验，建立好与线下景区的数据孪生关系。通过以上举措，创造一个新景区，景区线上有庞大的世界观的搭建，线下又有实体景区，线上和线下之间又给到游客各种身份，完全脱离了传统旅游的概念，将产业数字化与数字产业化相结合。

3. 数字化平台"项目地图"解决多项目一体化管理

"项目地图"是拈花湾文旅针对公司业务模式和发展现状专门打造的数字化管理平台，它集信息平台、决策平台、资源平台、考核平台于一体，开创文旅行业独有的一套标准化业务模式、一个系统性全景计划、一个即时性业务组织、一个开放式交互平台、一组全员参与的项目系统。"项目地图"紧紧围绕拈花湾文旅全景计划，在整体经营、文旅开发、文旅运营等多个维度，将经营目标的"数"和经营目标背后的"事"进行层层拆解与精细管理，实现经营目标的全面穿透。"项目地图"将数字底座纳进公司全产业链管理中，实现全过程动态管理。

（二）可借鉴性

拈花湾文旅清晰地洞察到，数字化转型的关键是围绕企业运营把解决方案做好做扎实，解决方案的本质还是基于运营，运用数字化工具赋能企业运营和管理。于是成立专门的数字化技术公司，打造平台，做好技术的自研独立性，实现数字资源的可控性及业务的扩张性。

1. 构建整体性的数字化平台

拈花湾文旅通过数字化平台进行智能承载，赋予其运营逻辑。即使人员出现了变更，构建出来的整体性数字化平台立刻就有相对应的操作流程，大幅降低了学习成本。

2. 做好技术独立性及业务扩张性，坚持高弹力性的自研模式

拈花湾文旅始终保持技术的独立性，为未来进一步的业务扩张创造做准备。其积极尝试新的业态的组合，包括数字文旅、研学、康养等新

业务，搭建起了对于承载能力和敏捷性的要求架构非常高的数字化平台。同时，拈花湾文旅坚持自研，针对文旅行业旺季人多，淡季人少的特点，为了缓解线下实体业务流量压力忽上忽下的情况，自研搭建一套能够反映自身流量动态变动的数字化平台，辅助线下业务开展。

3."技术、运营、创意"三位一体化

参考制造型企业的发展理念，拈花湾文旅强调"端到端能打通"的概念，其所搭建的数字化平台打通了上游产业链，从整个的商品体系、订单体系到销售体系、营销体系，再到向前的渠道等，向下把所有的业态、单个业态都进行了打通。数字化运营的关键就是贯穿，具体而言是运营的贯穿，数字化平台就是要把多个业态运营一体化，而这背后的根基就是技术，围绕技术才会有打通的服务，且一定是一条线的服务。

作者简介

王方华　**中国管理模式 50 人 + 论坛成员、上海交通大学安泰经济与管理学院原院长、教授**

中国管理模式杰出奖

2008 年，在全国人大常委会原副委员长成思危先生的指导下，中国管理现代化研究会与金蝶国际软件集团有限公司联合国内知名管理学院，发起中国管理模式杰出奖（Chinese Management Model Research，CMMR）遴选活动，旨在发现并表彰管理优秀的中国企业管理实践。

从 2008 年至今，CMMR 奖项评选组织已经调研超过 30 个行业，深入研究包括海尔、海信、安踏、山东重工、新希望、腾讯等在内的超过 140 家知名企业，深度访谈超过 2000 位企业高层，编写超过 220 万字的案例研究报告，形成了风格鲜明的实地调研方法及流程，传播杰出的管理理念，推广可借鉴的管理模式与案例。CMMR 经过 10 多年的发展积淀，已成为中国管理界最具影响力的奖项之一。

中国管理模式 50 人 + 论坛

　　"中国管理模式 50 人 + 论坛"是在总结 10 年中国管理模式杰出奖经验的基础上创新成立的。2017 年，"中国管理模式 50 人 + 论坛"由致力于研究中国管理模式的管理学者和有一定影响力的企业家共同发起，以"让中国管理模式在全球崛起"为使命，以"知行合一"为核心理念，致力于促进理论与实践的对话、交流与合作，推动中国企业管理进步。

　　2023 年，"中国管理模式 50 人 + 论坛"专家团队通过实地调研和与高管们交流讨论，总结出这些企业得以在长期发展中脱颖而出的管理要素，将这些成功的经验系统化和理论化，并结合时代洞察，总结发布《中国管理模式 50 人 + 2023 年度洞察报告》，向社会分享研究成果。

致　　谢

编委会在此首先要感谢"中国管理模式 50 人 + 论坛"常委会及调研专家们对本书的支持。从奔赴多个城市进行现场调研，再到完成本书的各章写作，可以说本书集合了专家们的智慧。

其中特别感谢：第一章的主要作者谢永珍；第二章的主要作者乐国林、任兵；第三章的主要作者毛基业、冀宣齐；第四章的主要作者谢志华、刘振华；第五章的主要作者黄伟、蔡小芳；第六章的主要作者吕力；第七章的主要作者谢志华、白鸽；第八章的主要作者曹仰锋、马旭飞；第九章的主要作者毛基业、李静榕；第十章的主要作者王方华。

其次，对于 2023 年度中国管理模式杰出奖的获奖企业以及相关高管在百忙中接受专家们的访谈与调研，编委会亦表示感谢。

它们是山东高速集团有限公司、大连德泰控股有限公司、广州立白企业集团有限公司、牡丹江恒丰纸业股份有限公司、深圳新宙邦科技股份有限公司、中盐金坛盐化有限责任公司、秦川机床工具集团股份公司、中国南方航空集团有限公司、安徽曦强乳业集团有限公司、无锡拈花湾文化投资发展有限公司（排名不分先后）。

最后，编委会要感谢金蝶国际软件集团有限公司对本书出版的支持。感谢金蝶集团董事会主席兼 CEO 徐少春先生十多年如一日对中国管理模式杰出奖的全力支持。同时感谢深圳达实智能股份有限公司对第 16 届中国管理模式杰出奖颁奖盛典的大力支持。

祝愿中国管理模式在全球崛起！

本书编委会